Gonsar Rinpotsche

Tantra der 21 Taras

Gonsar Rinpotsche

Tantra der 21 Taras

Aus dem Tibetischen von Helmut Gassner

Ehrung der Tara in einundzwanzig Versen
aus dem Tibetischen von Birgit Gross

Überarbeitet und herausgegeben
von Schülern Gonsar Rinpotsches

EDITION RABTEN

Das *Umschlagmotiv* zeigt ein Detail eines Tara-Mandalas, das von tibetischen Mönchen des Klosters Ganden Schartse (Südindien) in Sand gestreut wurde.

In der Mitte einer Utpala-Blüte befindet sich die Wurzelsilbe *Tam,* umgeben von zehn Blütenblättern, in deren Mitte sich je eine Silbe des zehnsilbigen, friedlichen Mantra der Tara befindet.

Die Technik des Streuens von Sandbildern gehört zu den traditionellen Künsten des tibetischen Buddhismus. Sie wurde von Buddha in den großen Tantras als besonders geeignet für das Herstellen von Mandalas empfohlen und ist bis heute in den großen Klöstern Tibets erhalten geblieben.

Dritte Auflage 2008

Alle Rechte vorbehalten – Printed in Switzerland
© Edition Rabten, Le Mont-Pèlerin, Schweiz
http://edition.rabten.com

Satz und Umschlaggestaltung: Edition Rabten

Photos: *Sandbild Umschlag, Portrait Umschlagklappe und Seite 31*; Ruedi Hofstetter

Druck und Bindung: Edition Rabten

Gedruckt auf säurefreiem, chlorfrei gebleichtem Papier

ISBN 978-3-905497-32-8

Inhalt

Bild auf Seite 9

Grüne Tara *(Khadirvani)*, gekrönt mit Amithaba, umgeben von 21 Emanationen, sowie der Weißen Tschintatschakra Tara und den Gottheiten Marizi und Brikuti.

Vorwort des Herausgebers

Dieses Buch ist aus der Niederschrift eines Kurses entstanden, den der Ehrwürdige Gonsar Rinpotsche im Februar 1999 in Rabten Choeling, dem Zentrum für Höhere Tibetische Studien, gegeben hat.

Gebete und Meditationen mit Tara gab es bereits im alten Indien. In sämtlichen Traditionen des tibetischen Buddhismus, in der Mongolei und Teilen Chinas sind sie noch heute weit verbreitet. Um den Segen der Gottheit zu erhalten, ist es notwendig, die Essenz dieser Anwendungen zu verstehen. Rinpotsches einleitende Erklärungen führen im ersten Teil des Buches zu einem derartigen Verständnis. Im zweiten Teil schildert er, wie diese spezielle Anwendung der *«Ehrung der Tara in einundzwanzig Versen»* entstanden ist. Es folgt ein ausführlicher Kommentar zu jedem einzelnen Vers.

Wir freuen uns, diese Unterweisungen als Buch veröffentlichen zu können und sind uns sicher, daß sie den Leserinnen und Lesern von persönlichem Gewinn sein werden.

Gonsar Rinpotsche ist einer jener großen Meister, denen wir es verdanken, daß die authentischen Unterweisungen des tibetischen Buddhismus vollständig erhalten sind. Mögen die Halter dieser Unterweisungen lange leben, und mögen durch sie Weisheit und Mitgefühl in uns zunehmen.

Die Herausgeber
Le Mont-Pèlerin, im März 2001

Ehrung der Tara
in einundzwanzig Versen

Verse in Sanskrit

एक विंसति स्तोत्र

ओं नमः आर्य तारायै ।

नमस्तारे तुरेवीरे चणद्युति निमे चणे ॥
त्रैलोक्यनाथ वक्त्राब्जे निकृसत्केशारोद्धवेत ॥१॥
नमः शत शरश्चन्द्रे सम्पूर्ण पट्लानने ॥
तारा सहस्र निकरे प्रहसत्किरणो ज्ज्वले ॥२॥
नमः कनक नीलाब्ज पाणि पद्म विभूषिते ॥
दान वीर्य्य तपः चान्ति तितिन्ना ध्यान गोचरे ॥३॥
नमस्तथागतोष्णीष विजया नन्द चारिणि ॥
अशेष पारमिताप्राप्त जिनपुत्र निसेविते ॥४॥
नमस्तुतारे हुँकारे रिपुस्त्रासा दिगन्तरे ॥
सप्तलोक समाक्रान्ता अशेषाकर्षण चणे ॥५॥
नमः शाक्रानलोब्रह्म मरुद्विष्णु महेश्वरैः ॥
भूत वेताल गन्धर्व गणयचनैः पुरस्कृते ॥६॥

13

नमस्तद्दीप्ति स्फत्कारे परमन्त्र विमर्दीनी ॥
प्रत्या लीढपद न्यासे शिखिज्वाला कुलो ज्वले ॥७॥
नमस्तुरे महाघोरे मारवीर विनाशिनी ॥
भृकुटि कृतबक्त्रा ब्जे सर्वशत्रु निशूदनी ॥८॥
नमस्त्रि रत्न मुद्रांक हृद्यांगुलि विभूषिते ॥
भूषिता शेषदिक् चक्र निकरे स्वकरो ज्वले ॥९॥
नमः प्रमुदिता टोप मुकुटा च्छिप्त मालिनि ॥
हसन्प्रहस न्तुतारे मारलोक वशाङ्करि ॥१०॥
नमः समस्त भूपाल पटला कर्षण त्रणे ॥
चलभ्रकुटि हूँकारे सर्वापद विमोचनि ॥११॥
नमः शिखरएड ख एडेन्दु मुकुटा भरणोज्ज्वले ॥
अर्मि ताभ जटामाले शरन्द्ध किरणोज्वले ॥१२॥
नमः कलपान्त हुतभुक् ज्वा लामालान्तरे स्थिते ॥
आलीढ मुदि तावद्ध रिपुचक्र विकाशिनी ॥१३॥
नमः करतलाघाते चरणाहत भूतले ॥
भृकुटि कृत हूँकारे सप्तपाताल मे दिनि ॥१४॥
नमः शिवेशुभेशान्ते शान्त निर्वाण गोचरे ॥
स्वाहा प्रणव संयुक्ते महापातक नाशिनी ॥१५॥
नमः प्रमुदितावद्ध रिपुगोत्र प्रमोदिनी ॥
दशान्तर पदन्यासे बीजाह्हूँकार दीप्तये ॥१६॥
नमस्तुरे पदाघाते हूँका रोकार वीजिते ॥
मेरुमण्डल कैलाश भुवन त्रयचारिणी ॥१७॥

14

नमस्तु सुर शङ्काशे हरिणाङ्क करेस्थिते ॥
दाह द्वि रूक्तफट्कारे अशेषविष नाशिनी ॥१८॥
नमः सुरनरायच्चा सुरकिन्नर सेविते ॥
आवद्ध मुदिता भोग कलि दुःस्वप्न नाशिनी ॥१९॥
नमः श्च न्द्रार्क्क सपूर्ण नयनद्युति भास्वरे ॥
तारद्विरूक्त तुतारे विषम ज्वर नाशि नी ॥२०॥
नमःस्त्रितत्व बिन्यासे शिवशक्ति समन्विते ॥
गृह वेताल्ल यन्त्रौघ नासने प्रवरातुरे ॥२१॥
मन्त्रमूल मिदं स्तोत्रं नमस्कारै कर्विंशति ॥

यःपठेत्प्रायशोधीमान् देब्या भक्ति समन्वितं ॥
सायंवाप्रात रूत्थाय स्मरणात्सर्व भयापह ॥
सर्व पाप प्रश मन सर्वद्रुर्ग्जति नाशनम् ॥
अभिषिक्तो भवेत्तूर्णं सप्त मिर्जि नकोटिभिः ॥
अस्मिन्महत्व मासाद्य सन्तेवौद्ध पदं बृजेत ॥
बिषंतस्यमहाघोरं स्थावरं वाथ जंगमं ॥
स्मरणात्प्रलयं यान्ती खादितं पीडितं च्वै ॥
गृहज्वर विकुष्ठानां परमन्त्र विनाशिनी ॥
अन्यषाञ्चैव सत्तानां द्वित्री सप्तामि वर्तिनां ॥
पुत्रकामोलभेत्पुत्रं धनकामो लभेद्धनम् ॥
सर्वकामामवाप्नोति नविध्नै प्रतिहन्यते ॥

इति श्री सम्यक्संबुद्ध वैरोचन भाषितं भगवत्या्र्थे ताराभट्टारिकाया
नमस्कारैक बिंशात स्तोत्रम् समाप्तम्

Verse in Tibetisch

ༀ ། ཨྀ་རྗེ་བཙུན་མ་འཕགས་མ་སྒྲོལ་མ་ལ་ཕྱག་འཚལ་ལོ། །

།ཕྱག་འཚལ་སྒྲོལ་མ་མྱུར་མ་དཔའ་མོ། །
།སྤྱན་ནི་སྐད་ཅིག་གློག་དང་འདྲ་མ། །
།འཇིག་རྟེན་གསུམ་མགོན་ཆུ་སྐྱེས་ཞལ་གྱི། །
།གེ་སར་བྱེ་བ་ལས་ནི་བྱུང་མ། །

།ཕྱག་འཚལ་སྟོན་ཀའི་ཟླ་བ་ཀུན་ཏུ། །
།གང་བ་བརྒྱ་ནི་བརྩེགས་པའི་ཞལ་མ། །
།སྐར་མ་སྟོང་ཕྲག་ཚོགས་པ་རྣམས་ཀྱིས། །
།རབ་ཏུ་ཕྱེ་བའི་འོད་རབ་འབར་མ། །

17

།ཕྱུག་འཚལ་མེར་སྲོ་རྒྱ་རྣམ་སྐྱེས་ཀྱི།
།བདུས་ཕྱུག་ནི་རྣམ་པར་བརྒྱན་མ།
།སྨིན་པ་བརྩོན་འགྲུས་དཀའ་ཐུབ་ཞི་བ།
།བཟོད་པ་བསམ་གཏན་སྤྱོད་ཡུལ་ཉིད་མ།

།ཕྱུག་འཚལ་དེ་བཞིན་བཤེགས་པའི་གཙུག་ཏོར།
།མཐའ་ཡས་རྣམ་པར་རྒྱལ་བར་སྤྱོད་མ།
།མ་ལུས་ཕ་རོལ་ཕྱིན་པ་ཐོབ་པའི།
།རྒྱལ་བའི་སྲས་ཀྱིས་ཤིན་ཏུ་བསྟེན་མ།

།ཕྱུག་འཚལ་ཏུཏྟཱ་ར་ཧཱུྃ་ཡི་གེས།
།འདོད་དང་ཕྱོགས་དང་ནམ་མཁའ་གང་མ།
།འཇིག་རྟེན་བདུན་པོ་ཞབས་ཀྱིས་མནན་ཏེ།
།ལུས་པ་མེད་པར་འགུགས་པར་ནུས་མ།

།ཕྱུག་འཚལ་བརྒྱ་བྱིན་མེ་ལྷ་ཚངས་པ།
།རླུང་ལྷ་སྣ་ཚོགས་དབང་ཕྱུག་མཆོད་མ།
།འབྱུང་པོ་རོ་ལངས་དྲི་ཟ་རྣམས་དང་།
།གནོད་སྦྱིན་ཚོགས་ཀྱིས་མདུན་ནས་བསྟོད་མ།

18

།ཕྱུག་འཚལ་ཏུང་ཅེས་བྱ་དང་ཕྟ་ཀྱིས།
།ཕ་རོལ་འཁྲུལ་འཁོར་རབ་ཏུ་འཇོམས་མ།
།གཡས་བསྐུམས་གཡོན་བརྐྱངས་ཞབས་ཀྱིས་མནན་ཏེ།
།མེ་འབར་འཁྲུག་པ་ཤིན་ཏུ་འབར་མ།

།ཕྱུག་འཚལ་ཏུ་རེ་འཇིགས་པ་ཆེན་པོ།
།བདུད་ཀྱི་དཔའ་བོ་རྣམ་པར་འཇོམས་མ།
།ཆུ་སྐྱེས་ཞལ་ནི་ཁྲོ་གཉེར་ལྡན་མཛད།
།དགྲ་བོ་ཐམས་ཅད་མ་ལུས་གསོད་མ།

།ཕྱུག་འཚལ་དཀོན་མཆོག་གསུམ་མཚོན་ཕྱུག་རྒྱའི།
།སོར་མོས་ཐུགས་ཀར་རྣམ་པར་བརྒྱན་མ།
།མ་ལུས་ཕྱོགས་ཀྱི་འཁོར་ལོས་བརྒྱན་པའི།
།རང་གི་འོད་ཀྱི་ཚོགས་རྣམས་འཁྲུག་མ།

།ཕྱུག་འཚལ་རབ་ཏུ་དགའ་བ་བརྗིད་པའི།
།དབུ་བརྒྱན་འོད་ཀྱི་ཕྲེང་བ་སྤེལ་མ།
།བཞད་པ་རབ་བཞད་ཏུཏྟ་ར་ཡིས།
།བདུད་དང་འཇིག་རྟེན་དབང་དུ་མཛད་མ།

།ཕྱུག་འཚལ་ས་གཞི་སྐྱོང་བའི་ཚོགས་རྣམས།
།ཐམས་ཅད་འགུགས་པར་ནུས་མ་ཉིད་མ།
།ཁྲོ་གཉེར་གཡོ་བའི་ཡི་གེ་ཧཱུྃ་གིས།
།ཕོངས་པ་ཐམས་ཅད་རྣམ་པར་སྒྲོལ་མ།

།ཕྱུག་འཚལ་ཟླ་བའི་དུམ་བུས་དབུ་བརྒྱན།
།བརྒྱན་པ་ཐམས་ཅད་ཤིན་ཏུ་འབར་མ།
།རལ་པའི་ཁྲོད་ན་འོད་དཔག་མེད་ལས།
།རྟག་པར་ཤིན་ཏུ་འོད་རབ་མཛད་མ།

།ཕྱུག་འཚལ་བསྐལ་པའི་ཐ་མའི་མེ་ལྟར།
།འབར་བའི་ཕྲེང་བའི་དབུས་ན་གནས་མ།
།གཡས་བརྐྱངས་གཡོན་བསྐུམས་ཀུན་ནས་བསྐོར་དགའི།
།དགྲ་ཡི་དཔུང་ནི་རྣམ་པར་འཇོམས་མ།

།ཕྱུག་འཚལ་ས་གཞིའི་ངོས་ལ་ཕྱུག་གི
།མཐིལ་གྱིས་བསྣུན་ཅིང་ཞབས་ཀྱིས་བརྡུང་མ།
།ཁྲོ་གཉེར་སྤྲུན་མཛད་ཡི་གེ་ཧཱུྃ་གིས།
།རིམ་པ་བདུན་པོ་རྣམས་ནི་འགེམས་མ།

།ཕྱུག་འཚལ་བདེ་མ་དགེ་མ་ཞི་མ།
།མྱ་ངན་འདས་ཞི་སྒྲུབ་ཡུལ་ཉིད་མ།
།སྭཱ་ཧཱ་ཨོཾ་དང་ཡང་དག་ལྡན་པས།
།སྡིག་པ་ཆེན་པོ་འཇོམས་པ་ཉིད་མ།

།ཕྱུག་འཚལ་ཀུན་ནས་བསྐོར་རབ་དགའ་བའི།
།དགྲ་ཡི་ལུས་ནི་རབ་ཏུ་འགེམས་མ།
།ཡི་གེ་བཅུ་པའི་དགའ་ནི་བཀོད་པའི།
།རིག་པ་ཧཱུྃ་ལས་སྒྲོལ་མ་ཉིད་མ།

།ཕྱུག་འཚལ་ཏུ་རེ་ཞབས་ནི་བརྡབས་པས།
།ཧཱུྃ་གི་རྣམ་པའི་ས་བོན་ཉིད་མ།
།རི་རབ་མནྡ་ར་དང་འབིགས་བྱེད།
།འཇིག་རྟེན་གསུམ་རྣམས་གཡོ་བ་ཉིད་མ།

།ཕྱུག་འཚལ་ལྷ་ཡི་མཚོ་ཡི་རྣམ་པའི།
།རི་དྭགས་རྟགས་ཅན་ཕྱག་ན་བསྣམས་མ།
།ཏཱ་ར་གཉིས་བརྗོད་ཕཊ་ཀྱི་ཡི་གེས།
།དུག་རྣམས་མ་ལུས་པ་ནི་སེལ་མ།

21

།ཕྱུག་འཚལ་ལྷ་ཡེ་ཚོགས་རྣམས་རྒྱལ་པོ།
།ལྷ་དང་མི་འམ་ཅི་ཡིས་བསྟེན་མ།
།ཀུན་ནས་གོ་ཆ་དགའ་བའི་བརྗིད་ཀྱིས།
།རྩོད་དང་རྨི་ལམ་ངན་པ་སེལ་མ།

།ཕྱུག་འཚལ་ཉི་མ་ཟླ་བ་རྒྱས་པའི།
།སྤྱན་གཉིས་པོ་ལ་འོད་རབ་གསལ་མ།
།ཧཱ་ར་གཉིས་བརྗོད་ཏུཏྟཱ་ར་ཡིས།
།ཤིན་ཏུ་དྲག་པོའི་རིམས་ནད་སེལ་མ།

།ཕྱུག་འཚལ་དེ་ཉིད་གསུམ་རྣམས་བཀོད་པས།
།ཞི་བའི་མཐུ་དང་ཡང་དག་ལྡན་མ།
།གདོན་དང་རོ་ལངས་གནོད་སྦྱིན་ཚོགས་རྣམས།
།འཇོམས་པ་ཏུ་རེ་རབ་མཆོག་ཉིད་མ།

།རྩ་བའི་སྔགས་ཀྱིས་བསྟོད་པ་འདི་དང་།
།ཕྱུག་འཚལ་བ་ནི་ཉི་ཤུ་རྩ་གཅིག །

།ལྷ་མོ་ལ་གུས་ཡང་དག་ལྟུན་པས།
།བློ་ལྟུན་གང་གིས་རབ་དད་བརྗོད་པས།
།སྲིད་དང་ཐོ་རངས་ལངས་པར་བྱས་ནས།
།དྲན་པས་མི་འཇིགས་ཐམས་ཅད་རབ་སྟེར།

།སྲིག་པ་ཐམས་ཅད་རབ་ཏུ་ཞི་བས།
།ངན་འགྲོ་ཐམས་ཅད་འཛོམས་པ་ཉིད་འཐོབ།
།རྒྱལ་བ་བྱེ་བ་ཕྲག་བདུན་རྣམས་ཀྱིས།
།ཁྱུར་དུ་དབང་ནི་བསྐྱུར་བར་འགྱུར་ལ།

།འདི་ལས་ཆེ་བ་ཉིད་ནི་ཐོབ་ཅིང་།
།སངས་རྒྱས་གོ་འཕང་མཐར་ཐུག་དེར་འགྲོ།
།དེ་ཡིས་དུག་ནི་དྲག་པོ་ཆེན་པོ།
།བརྟན་གནས་པའམ་གཞན་ཡང་འགྲོ་བ།

།ཟོས་པ་དང་ནི་འཐུངས་པ་ཉིད་ཀྱང་།
།དྲན་པས་རབ་ཏུ་སེལ་བ་ཉིད་འཐོབ།
།གདོན་དང་རིམས་དང་དུག་གིས་གཟིར་བའི།
།སྡུག་བསྔལ་ཚོགས་ནི་རྣམ་པར་སྤངས་ཏེ།

།སེམས་ཅན་གཞན་པ་རྣམས་ལ་ཡང་ངོ་།
།གཉིས་གསུམ་བདུན་དུ་མཚན་པར་བརྗོད་ན།
།བུ་འདོད་པས་ནི་བུ་ཐོབ་འགྱུར་ཞིང་།
།ནོར་འདོད་པས་ནི་ནོར་རྣམས་ཉིད་འཐོབ།

།འདོད་པ་ཐམས་ཅད་ཐོབ་པར་འགྱུར་ལ།
།བགེགས་རྣམས་མེད་ཅིང་སོ་སོར་འཇོམས་འགྱུར།
།རྗེ་བཙུན་སྒྲོལ་མ་ལ་ཡང་དག་པར་རྫོགས་པའི་སངས་རྒྱས་རྣམ་པར་སྣང་མཛད་ཆེན་པོས་བསྟོད་པ་གསུངས་པ་རྫོགས་སོ།།   ॥

Verse in Deutsch

Om, Ehrerbietung der Ehrwürdigen Arya-Tara

Ehrerbietung ihr, der Befreierin, schnell, heroisch,
mit Augen augenblicklich wie der Blitz;
aus Milliarden Stempeln des Lotusgesichts
des Herrn der drei Welten Entsprungene.

Ehrerbietung ihr, deren Antlitz wie Vollmonde
im Herbst, hundert auf einmal;
das Licht einer Ansammlung
Tausender Sterne äußerst hell Ausstrahlende.

Ehrerbietung ihr, der Gelb-Blauen, deren Hände
geschmückt mit Lotusblumen, wassergeborenen;
Geben, Enthusiasmus, Askese, Friede,
Geduld und Konzentration sind ihre Domäne.

Ehrerbietung ihr, Uschnischa der Tathagatas,
endlos sich vollkommener Siege Erfreuende;
auf die sich die Söhne der Siegreichen, die Paramitas
ausnahmslos erlangt, völlig verlassen.

Ehrerbietung ihr, mit den Silben *Tuttara Hung*
die Begierde, die Richtungen und den Raum Erfüllende;
mit dem Fuß unterwirft sie die sieben Welten,
fähig, ausnahmslos alle zu sich hinzuziehen.

Ehrerbietung ihr, der Indra, Agni, Brahma,
Vayu und Ischvara Opfergaben bringen;
von Bhutas, Vetalas, Gandharvas
und der Menge der Yakschas von Angesicht Gepriesene.

Ehrerbietung ihr, *Trat* und *Phat* ruft sie,
die magischen Räder der Gegner restlos Zerstörende;
das rechte Bein angezogen, das linke gestreckt, mit
    dem Fuß stampft sie,
Feuer lodert auf, erregt, die herrlich Flammende.

Ehrerbietung ihr, *Ture*, äußerst Erschreckende,
die die Helden der Maras vernichtend schlägt;
auf dem Lotusgesicht eine zornvolle Falte,
zerstört sie alle Feinde ohne Ausnahme.

Ehrerbietung ihr, die Finger zeigen die Geste der
	drei Juwelen
in der Höhe des Herzens, so ist sie geschmückt;
verziert mit dem Rad aller Richtungen,
eine Menge von eigenem Licht Ausstrahlende.

Ehrerbietung ihr, sehr erfreulich und eindrucksvoll
die Krone, von der ein Lichtkranz ausgeht;
lachend, laut lachend mit *Tuttara*
unterwirft sie die Maras und die Weltlichen.

Ehrerbietung ihr, fähig, die Beschützer des Bodens
alle sämtlich aufzubieten;
die Stirn zornig gerunzelt und mit der Silbe *Hung*
von aller Verzweiflung völlig Befreiende.

Ehrerbietung ihr, die Mondsichel ihre Krone,
in allem Schmuck wunderbar Leuchtende;
im Knoten ihrer Haarlocken Amitabha,
von dem beständig helles Licht ausgeht.

Ehrerbietung ihr, die verweilt inmitten eines Kranzes
	lodernder Flammen,
wie das Feuer am Ende des Zeitalters;
das rechte Bein gestreckt, das linke gebeugt,
	die Feinde derjenigen,
die das Dharmarad drehen wollen,
	in Scharen Bezwingende.

Ehrerbietung ihr, mit der Fläche der Hand schlägt sie,
und mit dem Fuß tritt sie auf die Erde;
mit der Zornfalte um die Augen mit der Silbe *Hung*
die sieben Welten Zerschmetternde.

Ehrerbietung ihr, Glückliche, Heilsame, Friedvolle,
an Nirvana, Friede sich Erfreuende;
da wohl versehen mit *Svaha Om*
Zerstörerin der großen Negativität.

Ehrerbietung ihr, die Körper der Feinde derjenigen,
die sich freuen am Drehen des Rades der Lehre,
    zerschlägt sie;
mit dem Mantra, angeordnet in zehn Silben, und
dem Wissen des *Hung* vollständige Befreiende.

Ehrerbietung ihr, die mit dem Fuß des *Ture*
    aufstampft,
sie selbst der Same im Aspekt des *Hung*;
Meru, Mandara und Kailasch,
die drei Welten Erschütternde.

Ehrerbietung ihr, die in der Hand den Mond hält
mit dem Zeichen des Waldtiers, geformt wie
    der göttliche See;
zweimal spricht sie *Tara*, und mit der Silbe *Phat*
ausnahmslos alle Gifte Beseitigende.

Ehrerbietung ihr, auf die sich die Scharen der Götter
und ihre Könige, Devas und Kimnaras verlassen;
in voller Rüstung mit dem Glanz der Freude
Konflikte und schlechte Träume Vertreibende.

Ehrerbietung ihr, wie Sonne und Mond
ihre Augen in hellem Licht erstrahlend;
zweimal spricht sie *Hara*, und mit *Tuttara*
sehr schwere Epidemien Vertreibende.

Ehrerbietung ihr, durch das Erlangen
    der drei Wirklichkeiten
vollkommen versehen mit der Kraft des Friedens;
Geister, Zombies und Dämonen scharenweise
vernichtet! *Ture!* Beste Höchste!

Gewinn aus der Anwendung

All jenen, die vor der Göttin tiefen Respekt haben
und mit großem Vertrauen rezitieren, sich ihrer bei
Nacht und in der Morgendämmerung, beim Aufstehen, erinnern, denen verleiht sie alle Arten der
Furchtlosigkeit.

Durch das gänzliche Beruhigen jeglichen negativen Karmas werden alle Existenzen in elenden Bereichen zerstört. Siebzig Millionen Sieger werden

einem bald Ermächtigung geben, doch man wird sogar noch Größeres als das erlangen und den letztlichen Zustand der Buddhaschaft erreichen.

Indem man sich an sie erinnert, werden starke große Gifte, stabile oder bewegende, selbst wenn man sie ißt oder trinkt, zur Gänze entfernt. Durch Dämonen, Epidemien und Gift verursachte drückende Leiden werden vollständig beseitigt; und auch den anderen Wesen dient es.

Wenn man zwei, drei, siebenmal rezitiert, wird, wer sich ein Kind wünscht, ein Kind bekommen, wer sich Reichtum wünscht, Reichtum erhalten.

Alle Wünsche werden erfüllt und alle Hindernisse verschwinden und werden einzeln zerstört.

Damit ist der Lobpreis der Tara, verfaßt vom perfekten vollkommenen Buddha Vairodschana, vollständig.

Gonsar Rinpotsche

Allgemeine Erklärungen

Ich freue mich sehr, Sie heute alle hier begrüßen zu dürfen und wünsche Ihnen viele Taschideleg.

Es ist sehr erfreulich, daß wir von Zeit zu Zeit in dieser Weise zusammenkommen, um miteinander Dharma zu lernen, und daß wir uns gemeinsam in der Anwendung von Dharma anstrengen können.

Daß wir solche glücklichen Umstände zur Verfügung haben und vom Dharma profitieren können, ist einzig unseren großen Meistern, im besonderen Gesche Rabten Rinpotsche zu verdanken. Ohne seinen Segen und seine Hilfe, ohne seine Bemühungen wäre es undenkbar, daß solche Voraussetzungen und Möglichkeiten bestehen.

Auch wenn unsere gemeinsamen und individuellen Bemühungen recht gut gelingen und durchaus konkrete, positive Resultate bringen, ist das ganz der Güte und dem Segen des Meisters zu verdanken. Sich dessen immer wieder bewußt zu werden ist sehr wichtig und auch zu erkennen, daß das die eigentliche Grundlage für alle Anwendungen im Dharma ist und für alles, was wir erreichen und anstreben wollen.

Unser menschlicher Körper und unser menschlicher Geist sind immer noch zusammen, sind intakt, wir existieren immer noch in dieser Weise und besitzen dadurch die Voraussetzungen für eine Anwendung des Dharma. Diese Tatsache ist etwas Besonderes, das man sehr schätzen sollte. Man sollte das nicht für selbstverständlich halten; sondern es ist sehr selten und außergewöhnlich, sich in einer solchen Situation zu befinden. In den Unterweisungen des Dharma wird immer wieder deutlich gemacht, daß eine solche Situation, wie wir sie jetzt besitzen, nicht stabil und dauerhaft ist, sondern leicht vergehen kann, daß sie schwer zu finden ist, schwer zu erreichen ist. Deshalb sollte man sie in keiner Weise als etwas Gegebenes betrachten.

Das Leben aller Wesen ist sehr instabil und zerbrechlich. Wir sind in keiner Weise anders. Auch unser Dasein ist genauso zerbrechlich und leicht vergänglich. Indem einem diese Lage bewußt wird, sollte man die Gelegenheit, die man hat, in der bestmöglichen Weise nützen.

Unsere menschliche Existenz

Es ist so, wie Meister *Schantideva* sagt: «Mit dem Boot der menschlichen Existenz ist es möglich, den Ozean der Leiden des bedingten Daseins zu überqueren. Eine solche Gelegenheit wird schwer wiederzufinden sein. Unwissender, schlafe nicht zur falschen Zeit!»

Ein Boot ist etwas, das man nicht immer mit sich umherträgt, nicht so, wie die Schildkröten ihren Panzer immer mit sich schleppen; sondern man benützt es, um einen Fluß zu überqueren und läßt es dann liegen. Entsprechend wird uns dieses menschliche Dasein, das wir jetzt besitzen, ebenfalls nicht immer zur Verfügung stehen.

Wenn jemand die Auffassung hat, daß das Erfahren und Vergehen eines menschliches Lebens reiner Zufall ist und mit seinem Ende eine vollständige Auslöschung eintritt, dann ist das eine andere Sache. Wenn aber jemand nur ein bißchen Intelligenz besitzt und die Zusammenhänge untersucht, wird er solche Auffassungen wie die, daß ein menschliches Dasein ohne spezifische Ursache und ohne entsprechende Umstände entsteht und vergeht, ebenso wie den Gedanken, daß nach dem Ende des Lebens keinerlei Kontinuität vorhanden ist, als unlogisch und unhaltbar erkennen können.

Unsere gegenwärtige Situation ist in Wirklichkeit aus spezifischen Ursachen und Umständen entstanden. Die Tatsache, daß wir so existieren, wie das im Moment der Fall ist, hat ihre bestimmten Ursachen, und ebenso die Art und Weise, wie wir in Zukunft existieren.

Zweifellos werden Wesen, die mit einem dumpfen Geist existieren, wie im Bereich der Tiere, nicht in der Lage sein, genauer verstehen zu können, was die Ursachen für ihr Dasein und ihre Erfahrungen sind. Aber jemand, der in der glücklichen Lage ist, einen klareren Zustand des Geistes zu haben, wie dies im Bereich der Menschen der Fall ist, sollte unbedingt seine Fähigkeiten des Verstehens benützen, um sich Gedanken über die wirklichen Ursachen und Umstände zu machen. Es ist unbedingt notwendig, in präziserer Weise über Ursachen und Umstände der eigenen Erfahrungen in der Vergangenheit, der Gegenwart und der Zukunft nachzudenken und sich nicht nur mit augenblicklichen Dingen zu begnügen.

Wenn man sich als Mensch nicht bemüht, tiefere Gedanken zu fassen, um zu erkennen, woher man kommt, wohin man geht und was die Ursachen der Erfahrungen sind, dann hat man zwar wohl eine menschliche Daseinsform, aber der Inhalt des Lebens ist nicht anders als der des Lebens eines Tieres. Denn selbst kleinste Insekten sind in der Lage zu wissen, was sie brauchen und was für Erfahrungen sie machen. Sie sind durchaus fähig, die Notwendigkeiten für die Erhaltung ihres Lebens zu suchen und auch zu finden. Manchmal versagen sie, genauso wie wir auch manchmal versagen. Aber im großen und ganzen sind sie genauso wie wir in der Lage, ihr Leben zu fristen. Wenn man sich hungrig fühlt, dann sucht man nach Essen, wenn man sich durstig fühlt, sucht man etwas zu trinken, wenn man sich allein fühlt, sucht man Begleitung. Das sind Eigenschaften, die alle Wesen gemeinsam haben. Dazu benötigt man keine speziellen Fähigkeiten.

Sowohl in den Unterweisungen des Dharma als auch in den allgemeinen Auffassungen wird immer wieder deutlich gemacht, daß die Menschen im Vergleich zu anderen Wesen über besondere Fähigkeiten verfügen. Nun, diese Besonderheit des Menschen liegt offensichtlich weder in der Farbe noch in der Größe oder der Gestalt seines Körpers, sondern in den außergewöhnlichen Fähigkeiten, die der Geist des Menschen besitzt. Der Geist des Menschen ist nicht nur in der Lage, gegenwärtige Dinge zu erfassen, sondern weitreichende Folgen in der Zukunft zu überdenken, nicht nur oberflächliche Zusammenhänge zu betrachten, sondern tiefgreifende Abhängigkeiten zu erkennen, nicht nur an sich selbst zu denken, sondern auch die Erfahrungen anderer zu überdenken und zu betrachten. Das sind die besonderen Qualitäten, die ein menschliches Dasein und den menschlichen Geist kennzeichnen.

So ist der Geist des Menschen fähig, eine Situation und deren Ursachen wahrzunehmen und auch zu erkennen, was geändert werden muß. Diese Qualitäten des Menschen gilt es zu verwenden, um weitreichende Wirkungen zu erzielen.

Das ist ein sehr wichtiger Punkt. Das ist auch der eigentliche grundlegende Punkt der Anwendung des Dharma.

Die Vier edlen Wahrheiten

In seinen Unterweisungen hat uns Buddha unsere eigentliche Situation vor Augen geführt. Schon in seinen ersten Unterweisungen beschreibt Buddha unsere Situation in einer Weise, die der Wirklichkeit ganz entspricht und frei von Illusionen ist.

Er hat auch deutlich gemacht, was die eigentlichen Ursachen für diese Situation sind, wie ein Zustand erreicht werden kann, der frei von diesen Fehlern ist, und er hat die Mittel gezeigt, um diesen Zustand herbeizuführen. Das waren die ersten Erklärungen des Buddha, und das ist der Inhalt aller seiner Unterweisungen.

Was in den Vier edlen Wahrheiten beschrieben wird, das ist die eigentliche Essenz des Dharma. Es ist wichtig, sich dessen immer wieder bewußt zu werden, sich daran zu erinnern, daß die Vier edlen Wahrheiten das enthalten, was der eigentliche Kern aller Unterweisungen des Dharma ist.

Wenn Buddha sagt: «Das ist die edle Wahrheit des Leids, und das ist die edle Wahrheit des Ursprungs, das ist die edle Wahrheit der Beseitigung, und das ist die edle Wahrheit des Weges», dann zeigt er uns mit diesen Worten, in welcher Situation wir uns wirklich befinden. Wenn er sagt, das ist die edle Wahrheit des Leids, zeigt er unsere tatsächliche Art des Bestehens. Das ist ein Dasein, das weder perfekt noch zufriedenstellend, sondern voll von Unzulänglichkeiten und Schwierigkeiten ist.

Die edle Wahrheit des Leids

Zweifellos hat unsere Situation auch positive Aspekte. Aber Buddha hat uns in diesen ersten Unterweisungen nicht in diese eingeführt, sondern vielmehr auf die Unzulänglichkeiten und Fehler unseres Daseins hingewiesen. Das hat Buddha nicht getan, um uns unnötigerweise zu deprimieren und unser Leben schwer zu machen oder um uns zu entmutigen; sondern der Grund ist vielmehr, daß nur ein Erkennen der wirklichen Situation zu Entsagung führt, zu dem Wunsch, aus dieser Art des Daseins herauszukommen. Wenn Buddha sich in diesen Erklärungen auf die angenehmen Seiten unseres Daseins beschränkt hätte und wir unsere Gedanken darauf lenken würden, könnten diese in uns keine starke Entschlossenheit auslösen, einer Anwendung von Dharma zu folgen.

Wenn ein Kranker zum Arzt geht, dann ist es die Aufgabe des Arztes, dem Kranken klarzumachen, was ihm fehlt, um ihn zu einer Heilung zu bringen. Das heißt, der Arzt muß dem Kranken sagen, was seine Krankheit ist, über seine Krankheit sprechen. Wenn er das nicht tut, statt dessen dem Patienten sagt, was für eine wunderbare Person er ist, was für gute Eigenschaften er hat und was für schöne Augen, dann wird das dem Patienten in keiner Weise helfen, gesund zu werden.

Obwohl wir Wesen durchaus positive Qualitäten haben, hat Buddha nicht diese als erstes betont, sondern die Unzulänglichkeiten und Fehler unseres Daseins beschrieben, unsere in Wirklichkeit leidvolle Situation und ihre Ursachen. Jemand, der ernsthaft über diese Dinge nachdenkt, kann dadurch auch etwas deprimiert werden. Aber das ist der Weg, um wirklich Entschlossenheit zu finden, an der Unzulänglichkeit der eigenen Lage etwas zu ändern.

Die edle Wahrheit des Ursprungs

Für einen ernsthaften Anwender ist es deshalb sehr wichtig, so, wie Buddha es beschrieben hat, sich der eigentlichen, leidvollen Natur unseres Daseins und der Ursachen eines solchen Daseins immer wieder bewußt zu werden.

Denkt man über die leidvolle Natur unseres Daseins nach, dann sind das nicht nur Überlegungen über gegenwärtige Schwierigkeiten und gegenwärtiges Unbehagen; sondern vielmehr müssen es Überlegungen sein, die die tiefer greifenden Aspekte unseres Leides, unserer Unzulänglichkeiten und unserer Schwierigkeiten erkennen lassen. Denn die gegenwärtigen Schwierigkeiten und Leiden begreifen alle recht leicht. Nicht nur wir Menschen, sondern auch die Tiere sind in der Lage, diese zu erkennen. Also liegt es an uns, tiefer gehende Zusammenhänge zu suchen und zu verstehen, auch solche, die wesentlich weiter in die Zukunft reichen. Wenn man auf der Grundlage solcher Gedanken der Anwendung des Dharma folgt, wird die Anwendung wirkungsvoll und stark.

Es ist sehr wichtig, sich dieser Zusammenhänge bewußt zu sein. Denn wenn wir das nicht tun, kann es leicht dazu führen, daß wir Dharma als eine Beschäftigung wie viele andere betrachten; als eine Beschäftigung, die einzig darauf abzielt, die gegenwärtigen Problemchen des Lebens zu überwinden und aus dem Weg zu räumen. Das entspricht jedoch in keiner Weise dem eigentlichen Zweck der Anwendung von Dharma.

So kann es leicht vorkommen, daß wir Meditationen und Rezitationen des Dharma ausführen mit dem einzigen Ziel, gegenwärtiges Unbehagen, Traurigkeit, Probleme, Streit oder Krankheiten, die wir gerade erfahren, zu überwinden. Oder wir versuchen, mit bestimmten Anwendungen irgendwelche gegenwärtigen Wünsche zu erfüllen oder einfach nur einen angenehmen und ruhigen Zustand des Geistes zu erfahren. Es ist nicht gänzlich falsch, die Mittel des Dharma auf solche Dinge anzuwenden. Aber es ist nicht das eigentliche Ziel des Dharma.

Denn Buddha hat die Unterweisungen des Dharma gegeben, um unseren Zustand grundlegend zu verändern, um die eigentlichen Wurzeln unserer Leiden und Schwierigkeiten zu entfernen. Darauf sollte das Hauptaugenmerk in der Anwendung von Dharma immer gerichtet sein.

Die eigentlichen Ursachen aller Schwierigkeiten und Leiden, die wir erfahren, sind, wie Buddha in der zweiten edlen Wahrheit deutlich gemacht hat, die Verblendungen und die Handlungen, die von diesen Verblendungen beeinflußt sind. Dessen sollten wir uns immer bewußt sein und bemüht sein, die Anwendung des Dharma darauf zu richten, diese Wurzel aller unserer Schwierigkeiten zu überwinden.

Unser Geist greift zutiefst nach Eigenexistenz. Es ist eine falsche Auffassung bezüglich der eigenen Person, deren Objekt eine Illusion darstellt. Aus diesem Greifen nach Eigenexistenz bilden sich Egoismus, Begierde, Haß, Stolz und eine ganze Reihe weiterer falscher Auffassungen, die wie Wellen im Ozean ständig aus diesem Greifen nach Eigenexistenz entstehen und unsere Gedanken und Handlungen beeinflussen. Daraus ergeben sich alle Erfahrungen des Unbehagens.

Durch den Einfluß des Greifens nach Eigenexistenz und der Verblendungen, die daraus entstehen, folgen wir immer wieder negativen, falschen Handlungen. Selbst wenn wir wissen, daß etwas falsch ist, tun wir es trotzdem. Und zweifellos noch öfter folgen wir falschen Handlungen, ohne zu wissen, daß sie falsch sind. Selbst wenn wir bereuen, Falsches getan zu haben, können wir es nicht lassen und geben dennoch diesen Neigungen erneut nach.

Obwohl wir uns in der Tiefe unserer Auffassung ständig nach einem bleibenden und reinen Glück sehnen, ist das, was wir erfahren, immer das Gegenteil: eine große Menge von Leiden und Erfahrungen der Unzufriedenheit.

Das ist die Art und Weise, wie die Ursachen für alle leidvollen Erfahrungen dieses Lebens zustande gekommen sind. Durch das falsche Verhalten in diesem Leben erzeugen wir weiterhin eine große Zahl von Ursachen für entsprechend leidvolle Erfahrungen in zukünftigen Existenzen. So kommt bedingtes Dasein zustande und geht ohne ein natürliches Ende ständig weiter.

Obwohl wir uns alle ständig nach einem Ende unserer Probleme und Leiden sehnen, geraten wir immer wieder in diese gleichen Situationen, gibt es kein Ende dieser Erfahrungen. Selbst wenn dieses Leben zu Ende geht, sind damit diese Erfahrungen von Unbehagen und Leid nicht beendet. Der Grund liegt darin, daß die Ursachen für solche Erfahrungen in einem vollständig und in sehr wirkungsvoller Weise vorhanden sind. Solange diese Ursachen da sind, passiert immer wieder das Gleiche.

Es ist vergleichbar mit einem Feld, in dem viele Samen für Unkraut vorhanden sind. Wenn es viele solcher Samen gibt, wird in diesem Feld zu allen Jahreszeiten Unkraut in bester Weise gedeihen. Jemand, der diese Situation richtig versteht, so, wie Buddha sie beschrieben hat, wird aus der Tiefe seines Herzens auch den Wunsch entwickeln, an dieser Lage grundlegend etwas zu ändern.

Die edle Wahrheit der Beseitigung und die edle Wahrheit des Weges

Wenn diese Situation oder ihre Ursachen in der Natur unseres Daseins lägen, könnte man wenig daran ändern. Aber das ist zum Glück nicht der Fall; sondern ganz gleich, wie stark diese Ursachen sein mögen, wie unangenehm diese Situationen auch sein mögen, ihre Ursachen können durchaus beseitigt und vernichtet werden; und somit kann die Situation grundlegend verändert werden.

Wie es ein großer *Kadampa*-Meister sagte: «Negative Eindrücke, negatives Karma hat eine einzige gute Eigenschaft, und diese gute Eigenschaft ist, daß es beseitigt und zerstört werden kann».

Es ist gewissermaßen nicht ein Schmutz, der nicht abwaschbar ist, sondern es ist einer, der entfernt werden kann. Das ist sehr hoffnungsvoll. Denn selbst sehr starke Neigungen wie Begierde, Haß, Eifersucht usw., ganz gleich wie vorherrschend sie im Geist auch sein mögen, sind nicht Störungen, die untrennbar mit der Natur des Geistes verbunden sind; vielmehr sind sie wie gegenwärtige schwarze, dunkle Wolken, die am Himmel auftreten können, die mit dem kräftigen Wind des richtigen Gegenmittels weggeblasen werden können.

Die Verblendungen treten auf, weil in unserem Geist eine lange Gewöhnung daran besteht. Wenn die Eindrücke im Geist mit entsprechenden äußeren Faktoren zusammentreffen, brechen die Verblendungen hervor.

Aber das heißt nicht, daß diese Verblendungen ein Teil der Natur des Geistes sind. Mit der richtigen Anstrengung, der richtigen Methode und dem richtigen Gegenmittel, ist es durchaus möglich, alle Fehler, ganz gleich, wie stark sie in einem auftreten mögen, zu entfernen. Deshalb ist es für jedes Wesen grundsätzlich möglich, durch eine Beseitigung der Fehler Freiheit zu erreichen.

Man sollte darauf abzielen, diese Fehler zu entfernen, indem man wirkungsvolle Gegenmittel anwendet. Das wird dadurch erreicht, daß man das Verhalten von Körper, Rede und Geist zähmt. Ein gezieltes Zähmen des Geistes wird durch das Entwickeln richtiger Konzentration erreicht. Das eigentliche Gegenmittel für das Beseitigen aller Fehler ist dann das Entwickeln der richtigen Weisheit.

Deshalb wird immer wieder betont, daß man den Drei Schulungen folgen sollte: der Schulung der Ethik, der Schulung der Konzentration und der Schulung der Weisheit. Das sind die drei grundlegenden Schulungen, denen jede Person folgen wird, die wirklich entschlossen ist, Freiheit von allen Leiden zu erreichen.

Wer nicht ernsthaft bemüht ist, sein Verhalten von Körper und Rede unter Kontrolle zu bringen, wird nicht in der Lage sein, seinen Geist zu zähmen. Jemand, der nicht seinen Geist gezähmt und unter Kontrolle gebracht hat, wird nicht fähig sein, die Weisheit des Erkennens der letztlichen Wirklichkeit zu erlangen die Weisheit, mit der man letztlich alle Verblendungen beseitigen und alles Leid endgültig überwinden kann.

Diese Drei Schulungen von Ethik, Konzentration und Weisheit sind auf jeder Ebene der Anwendung des Dharma grundlegend und notwendig, sowohl im Kleinen Fahrzeug als auch im Großen Fahrzeug und im Fahrzeug der Tantras.

48

Diese Bemühungen müssen aufgrund eines richtigen Verständnisses der leidvollen Situation, in der man sich befindet, entstehen, aus der Entschlossenheit, Freiheit von allen Leiden zu erreichen. Keine andere Motivation ist geeignet. Wenn man mit diesen Voraussetzungen den Drei Schulungen folgt, dann werden sie zu einer sehr wirkungsvollen Methode, um Freiheit vom bedingten Dasein zu gewinnen.

Das sind wichtige, grundlegende Punkte des Dharma, an die wir uns immer wieder erinnern sollten und die in den Vier edlen Wahrheiten enthalten sind. Eine Person, die ernsthaft beabsichtigt, Dharma anzuwenden, eine Person, die ernsthaft Meditationen ausführen möchte, sollte immer wieder über diese Punkte nachdenken.

Darüber hinaus hat unser Geist, der menschliche Geist, wie zuvor erwähnt, die Fähigkeit, nicht nur über die eigene Situation genau nachzudenken, sondern auch über die Situation anderer. Das ist eine außerordentlich wertvolle und besondere Qualität unseres menschlichen Geistes. Wenn die eigenen Überlegungen in der Anwendung des Dharma etwas weiter gediehen sind, dann ist es sehr wichtig, nicht nur seine eigenen Leiden, die Ursachen des eigenen Leides und die persönliche Befreiung ins Auge zu fassen, sondern sich der anderen Wesen bewußt zu werden und über deren Schicksal wirklich nachzudenken.

Erbarmen

Einerseits ist man im bedingten Dasein gänzlich allein, denn man muß die Konsequenzen der eigenen Handlungen ganz allein erfahren und seinen eigenen Weg machen, andererseits jedoch ist man in keiner Weise allein, denn man ist ständig umgeben von unzähligen Wesen, die sich in genau der gleichen Situation befinden wie man selbst.

Alle Wesen existieren abhängig. Es gibt nichts, kein Wesen, das in unabhängiger Weise existiert, genausowenig wie es irgendein anderes Objekt gibt, das in unabhängiger Weise existieren kann. Wenn man richtig nachdenkt, kann man erkennen, daß man mit allen anderen Wesen unaufhörlich sehr eng verbunden ist.

Deshalb ist es für eine Person mit einer scharfen Intelligenz unbedingt notwendig, die Situation aller Wesen in Betracht zu ziehen und sich nicht ständig nur mit den eigenen Erfahrungen von Leid und Unbehagen herumzuschlagen. Wenn in einer Person solche Gedanken auftreten, dann beginnen die allerwertvollsten und bedeutendsten Einstellungen zu entstehen.

Ein wirkliches Erbarmen beginnt erst dann, wenn man ernsthaft die Situation der andern Wesen in Betracht zieht und diese einem etwas bedeutet. Solange man in erster Linie mit eigenem Leid und Glück, mit der eigenen Freiheit beschäftigt ist, kann schwerlich ein ehrliches und wirkliches Erbarmen gegenüber anderen entstehen.

Man mag vielleicht denken, es sei notwendig, sich um das eigene Wohlergehen zu sorgen, weil man sonst seine Leiden nicht überwindet und das ersehnte Wohlergehen nie erreichen wird. In Wirklichkeit verhält es sich genau umgekehrt. Je mehr man sich nur um seine eigenen Notwendigkeiten kümmert und die anderen ignoriert und außer acht läßt, desto stärkere Ursachen erzeugt man für jedes nur erdenkliche Unbehagen, das man erfahren wird.

Im Dharma wird von vielen Arten von Leid gesprochen, von Leid unterschiedlichster Stärke und unterschiedlichster Ebenen. Die Heftigkeit des Leides, die im bedingten Dasein erfahren wird, ist ein direktes Resultat der Intensität der individuellen Ichbezogenheit.

Je größer die Ichbezogenheit und die Unachtsamkeit gegenüber andern ist, je mehr einem andere gleichgültig sind, um so mehr neigt man dazu, äussert negativen Handlungen zu folgen. Damit erzeugen wir die Ursachen, die verantwortlich sind für die schwersten nur erdenklichen Leiden. Alle negativen Handlungen bis zu schwerwiegendsten, wie dem Töten anderer Wesen, werden aufgrund starker Ichbezogenheit ausgeführt.

Je geringer die Ichbezogenheit ist, um so geringer sind die Leiden, die erfahren werden, und um so größer ist das Wohlbehagen, das eine Person erfährt. So verhält es sich wirklich. Unsere Auffassung, daß die Ichbezogenheit erforderlich ist, um unsere Notwendigkeiten zu erfüllen, ist nichts weiter als eine Fehlauffassung, die an der Wirklichkeit vorbeigeht.

Die großen Bodhisattvas haben in ihrem Geist ein großes Erbarmen, nicht nur ein kleines, geringes, sondern ein großes Erbarmen; sie haben damit jegliche Ichbezogenheit vollständig beseitigt und anstelle ein unvergleichliches Schätzen aller Wesen in einer äußerst reinen und perfekten Weise entwickelt.

Die Wurzel der Einstellung der Bodhisattvas ist Erbarmen, das eine intolerante Einstellung gegenüber dem Leid anderer ist. Diese Geisteshaltung ist die Quelle von allem Guten, sowohl innerhalb als auch außerhalb des bedingten Daseins. Denn alle erleuchteten Wesen, ganz gleich welcher Art sie sind, ob *Schravakas*, *Pratyekas* oder vollständig erleuchtete *Buddhas*, sind ein Produkt des Erbarmens.

Das ist der allerwichtigste Punkt einer geistigen Entwicklung, in der Bemühung, Dharma anzuwenden. Und darauf sollte man sich unbedingt konzentrieren. Im besonderen für eine Person, die beabsichtigt, den Weg des Großen Fahrzeuges zu gehen oder in den Weg der Tantras einzutreten, ist ein solches Erbarmen unumgänglich. Auf der Grundlage eines richtigen Verständnisses des Leides der Wesen und dessen Ursachen und ihres ständigen Verlangens nach

Wohlergehen und einer Freiheit von allem Leid, entwickelt man den ehrlichen und tiefen Wunsch, alle Wesen von den unerwünschten Leiden loszulösen und sie zu einem Zustand eines bleibenden Glücks und Wohlergehens zu führen.

Man mag sich manchmal fragen, wozu es für einen selbst notwendig ist, eine solche Einstellung, ein solches unbeschränktes Erbarmen zu entwickeln, da es ja unzählige Buddhas gibt, die ein solches Erbarmen und die Qualitäten besitzen, die Notwendigkeiten der Wesen zu erfüllen. Man denkt sich vielleicht, was soll man dazu selbst noch beitragen können?

Das ist eine Auffassung, die nicht richtig ist. Denn in Wirklichkeit ist es so, daß es im bedingten Dasein unzählige Wesen gibt, denen man selbst besser und wirkungsvoller helfen kann, die man schneller zu einer Freiheit von bedingtem Dasein führen kann, als irgendein anderer Buddha oder Bodhisattva. Dieses Wissen ist es, das die Bodhisattvas so besonders motiviert, sich anzustrengen, um schnell die volle Erleuchtung zu erlangen und diese Aufgabe zu erfüllen.

Neben vielen Wesen, mit denen wir jetzt unser Leben verbringen, mit denen wir eine ganz spezielle karmische Verbindung besitzen – sei sie positiv oder auch negativ –, gibt es auch viele andere, unzählige andere, denen speziell man selbst am effizientesten zum Erreichen der Befreiung und vollen Erleuchtung verhelfen kann, viel wirkungsvoller und schneller, als es irgendein anderer Bodhisattva oder Buddha könnte.

Und die Konsequenz ist, daß diese Wesen, je länger man braucht, um solche Qualitäten zu entwickeln, bis man selbst zu einem Zustand der Erleuchtung gelangt, um so länger im bedingten Dasein Leiden erfahren müssen. Alle Wesen möglichst schnell von ihren Leiden zu befreien, erkennen die Bodhisattvas als universelle Verantwortung. Es ist das nicht eine projizierte universelle Verantwortung, die in Wirklichkeit nicht vorhanden ist, sondern es ist eine, die man auch wirklich hat.

Lesen wir die Lebensgeschichten Buddhas aus seiner Zeit als Bodhisattva, dann sehen wir, daß viele von den Wesen, die in der Zeit des Lebens des Buddha Befreiung von bedingtem Dasein erlangten, in vielen vorhergehenden Leben des Buddha als Bodhisattva Verbindungen mit Buddha hatten, entweder positive oder negative. Es waren diese Verbindungen, die dazu geführt haben, daß Buddha beim Erreichen seiner vollen Erleuchtung speziell diese Wesen sehr schnell zum Ziel der Befreiung führen konnte.

Wenn wir nachdenken, können wir erkennen, daß wir tatsächlich eine sehr große Verantwortung haben. Aber uns erscheint das nicht so, denn unsere Verblendungen sind stark, unsere Faulheit ebenfalls, und unser Hängen an diesem und jenem auch. Obwohl wir vielleicht verstehen mögen, daß es in

54

Wirklichkeit dringlich wäre, sich wirklich anzustrengen und vorwärtszugehen, gehen wir nicht vorwärts und scheinen es auch nicht eilig zu haben.

Ganz abgesehen davon, in einer großen Eile für das Wohl anderer zu sein, selbst bezüglich unserer eigenen Notwendigkeiten und der Gefahren, die sehr nah auf uns zukommen, sind wir in einem völlig entspannten und unwissenden Zustand und haben es gar nicht eilig.

Indem man seinen Geist Schritt für Schritt schult, ist es notwendig, eine ehrliche Aufmerksamkeit bezüglich des Wohlergehens anderer zu entwickeln und dann bei seinen Bemühungen und in seinen Gebeten danach zu streben, diese Qualitäten des Geistes so schnell wie möglich zu entwickeln und diese Aufgaben so schnell wie möglich zu erfüllen.

Das ist auch der eigentliche Sinn der Gebete, die wir ausführen, wie zum Beispiel der *Guru-Pudscha*, wo es immer wieder heißt: «Segne mich, daß ich das und jenes erreiche.» Dort wird für das Erlangen aller dieser Eigenschaften und Qualitäten gebetet, angefangen von einer reinen und vollständigen Hingabe zum geistigen Meister, über alle weiteren Qualitäten der Entwicklung des Geistes bis zum Erlangen einer vollständigen Vereinigung des Klaren Lichtes und des Illusionskörpers.

Bei allen diesen Punkten bittet man aus tiefstem Herzen den Meister, einen zu segnen, damit man diese Qualitäten entwickeln kann und die Hindernisse, die diesen Eigenschaften entgegenstehen, beschwichtigt werden.

Wenn man diese Gebete richtig macht, sollten sie nicht nur einfach eine Rezitation sein, sondern eine ehrliche, tiefe und innige Bitte an den Meister, einem zu helfen, wirklich diese Eigenschaften im eigenen Geist zu erzeugen und hervorzubringen. Führt man in dieser Weise solche Gebete ehrlich aus, dann werden sie sehr wirksam sein, um die ersehnte Hilfe wirklich zu erlangen und in nicht allzulanger Zeit solche Eigenschaften auch tatsächlich zu erreichen.

Viele von uns sind nicht Personen, die sich erst neu mit Dharma beschäftigen, sondern alte Anwender, die schon seit langer Zeit eine Verbindung zu Dharma haben. Wir haben auch eine ganze Reihe von Gebeten, die wir täglich rezitieren. Da besteht oft die Gefahr, daß das tägliche Rezitieren zu einer Routine wird, die man als Verpflichtung des Aufsagens bestimmter Gebete betrachtet. Dann ist es notwendig, sich immer wieder aufzuwecken und sich einen Stoß zu geben, um sich bewußt zu werden, daß es nicht eine Rezitationsverpflichtung ist, sondern daß man die Gedanken, die in der Rezitation enthalten sind, auch wirklich denken will, daß man ganz ehrlich, aus tiefstem Herzen den Meister um diesen Segen bittet, um die Hilfe bittet, diese Qualitäten entwickeln zu können. Wenn man dann nicht nur so tut, als ob man bitten würde, sondern ehrlich die Absicht und den Wunsch hat, sie zu entwickeln, und den Meister um Hilfe und um seinen Segen bittet, damit einem das möglich wird, dann wird man die ersehnte Unterstützung auch sicher erfahren.

So sollte man immer bemüht sein, etwas Fortschritt zu machen und auf jeden Fall fest entschlossen sein, Rückschritte zu vermeiden. Wenn es einem schon nicht möglich ist, irgendwelchen Fortschritt zu machen, dann sollte man wenigstens dort bleiben, wo man ist und auf jeden Fall jeglichen Rückschritt vermeiden. Wenn man stabil ist, nicht zurückfällt und den Meister ehrlich um seine Hilfe und seinen Segen bittet, dann hat man die besten Chancen, mit der Zeit tatsächlich doch ein bißchen voranzukommen, denn jeder Fortschritt, den man in der Anwendung des Dharma macht, kommt in abhängiger Weise zustande: einerseits durch die eigenen Bemühungen und Anstrengungen, andererseits durch den Einfluß und die Hilfe des Meisters. Man sollte sich dieser Tatsache bewußt sein und sie nicht leichtnehmen.

Jetzt sind wir sehr schwach in unseren Fähigkeiten. Deshalb ist es ganz besonders wichtig, den Segen, die Hilfe der Buddhas und des Meisters zu erbitten. Um diesen Segen aber wirklich zu erfahren, ist es notwendig, ein tiefes Vertrauen auf den Meister zu haben und in unabgelenkter Weise Schutz bei den erleuchteten Wesen, beim Meister zu suchen. Wenn so der Haken des Erbarmens der erleuchteten Wesen in die Öse unseres Vertrauens einhakt, dann wird man zweifellos den ersehnten Fortschritt machen.

Zufluchtnahme

Es wird immer wieder betont, wie wichtig es ist, zu den Drei Juwelen Zuflucht zu nehmen, wie unerläßlich diese Einstellung einer punktförmigen Zuflucht zu den erleuchteten Wesen ist. Jedes Vertrauen, das wir irgendeiner Erscheinung der Buddhas, irgendeiner Gottheit entgegenbringen, benötigt als Grundlage immer das punktförmige Zufluchtnehmen zu den Drei Juwelen.

Wenn wir nicht wirklich wissen, was die Drei Juwelen sind, kein richtiges Verständnis davon haben, ist eine Einstellung der Zuflucht zu den Drei Juwelen nicht möglich. Dann ist es auch nicht möglich, wirkliches Vertrauen auf eine Gottheit zu haben.

Ganz gleich, welche Gebete man spricht, ganz gleich, welche Meditationen man ausführt, immer ist es wichtig, die verschiedenen Erscheinungen der Buddhas als eigentliche Verkörperungen der Aspekte der Drei Juwelen zu sehen. Nur mit dieser Auffassung ist es richtig und wirkungsvoll, die entsprechenden Meditationen und Rezitationen auszuführen.

Ein Buddha ist ein Wesen, das alle Hindernisse bis zum kleinsten Fehler vollständig aus dem Geist entfernt und alle Qualitäten der Weisheit, des Erbarmens und der Kraft in vollem Umfang entwickelt hat. Das gilt es zu erkennen und ihn als etwas äußerst Wertvolles zu betrachten. Ein Wesen, das einen solchen Zustand erreicht hat, ist ein letztliches Objekt der Zuflucht, das einem einen richtigen Weg zeigt und ein wirklicher Beschützer ist.

Unter Dharma versteht man die eigentliche Beseitigung, das eigentliche Freisein von allen Fehlern des Geistes und die Perfektion aller Erkenntnisse, die erreichbar sind. Das Dharma ist in Wirklichkeit nichts anderes als ein weiterer Aspekt der inneren Eigenschaften des Buddha. Es ist gleichzeitig das höchste Objekt der Zuflucht und auch das höchste Ziel, das man erreichen will.

Das ist der Grund, weshalb Dharma oft als das eigentliche Objekt der Zuflucht bezeichnet wird. Das heißt, wenn ein solcher Zustand erreicht wird, dann ist das Ziel erreicht; sowohl für alle eigenen Notwendigkeiten als auch für die Notwendigkeiten aller anderen Wesen ist gesorgt.

Dementsprechend sind auch die Arya-Bodhisattvas, die Sangha, ein Objekt der Zuflucht für uns. Obwohl sie noch nicht den Zustand der vollen Erleuchtung erreicht haben, sind sie dennoch Wesen, die einen festen und stabilen Punkt auf dem Weg zur Erleuchtung erreicht haben. Sie haben Großes Erbarmen in ihrem Kontinuum entwickelt, den Geist der Erleuchtung erzeugt und die Weisheit des Erkennens der letztlichen Wirklichkeit erlangt und sind somit für uns zu einem wirklichen Objekt der Zuflucht geworden.

Solche Wesen, die einen festen, stabilen Punkt auf dem Weg zur Erleuchtung erreicht haben, sind, ebenso wie die vollständig erleuchteten Wesen und deren Erkenntnisse und Qualitäten des Geistes, das eigentliche Objekt der Zuflucht für uns.

Indem man die Qualitäten der Drei Juwelen richtig versteht, sollte man ein solches festes Vertrauen entwickeln und sich vollständig in die Hand der Drei Juwelen geben. Diese Einstellung der Zuflucht sollte man für das eigene gegenwärtige und letztliche Wohlergehen suchen, und nicht nur für das eigene, sondern für das Wohlergehen aller Wesen.

Eine solche Zuflucht, solchen Schutz bei den Drei Juwelen sucht man auch mit der Absicht, dadurch alle Wesen von den Leiden bedingten Daseins loslösen zu können. Diese Einstellung der Zuflucht und das Erzeugen der Motivation des Bodhitschitta sind eine unumgängliche Grundlage für alle Anwendungen des Großen Fahrzeugs.

Meditationsgottheiten

Die Einstellung der Zuflucht ist, wie zuvor erwähnt, die eigentliche Essenz des Vertrauens und der Hingabe, die man gegenüber allen Meditationsgottheiten entwickelt. Wenn diese Grundlage nicht vorhanden ist, verlieren die verschiedenen Gottheiten ihre Bedeutung. Dann werden sie eher zu Fabelwesen, die irgendwo in der Luft umherfliegen, manche männlich, manche weiblich, manche verärgert, manche lieblich und so weiter. Im Buddhismus gibt es viele solcher Gottheiten, aber es wäre falsch, sie sich vorzustellen wie Wesen, wie wir es sind, mit unterschiedlichen Neigungen und Emotionen.

Wenn die Grundlage der Zuflucht fehlt, sieht man diese Vielzahl von Gottheiten leicht wie Götter aus mythologischen Geschichten. Die Götter in diesen Erzählungen, ob aus Indien, Griechenland oder Tibet, haben alle das gemeinsame Merkmal, daß sie sich mehr oder weniger so verhalten wie wir Menschen. Manchmal heiraten sie, manchmal streiten sie, manchmal bezwingen sie irgend jemanden. Ihr Verhalten ist nicht viel anders als das von uns Menschen, nur ein bißchen übertriebener. Sie sind auch ständig in irgendwelche Kämpfe mit Dämonen verwickelt. Manchmal gewinnen die Götter, manchmal die Dämonen. Aber das Ganze ist nichts anderes als eine übertriebene Geschichte aus dem Bereich der

Menschen. Wenn diese Götter symbolische Bedeutung haben, dann mag es vielleicht etwas anderes sein. Aber sonst sieht das alles aus wie die Begebenheiten aus dem Bereich der Menschen.

Im Gegensatz dazu haben die Gottheiten der Tantras, die männliche oder weibliche Form haben können, nichts mit solchen mythologischen Geschichten zu tun; alle diese Erscheinungen sind nichts anderes als Verkörperungen der Drei Juwelen. Diese Gottheiten sind nichts anderes als der Zustand der Erleuchtung selbst, der in verschiedenen Formen auftritt.

Man findet besonders viele dieser Erscheinungen in den Tantras, die eine außerordentlich geschickte Methode sind, um den Wesen eine Befreiung möglich zu machen. Für Wesen wie uns, die sehr abhängig von verschiedenen Formen und Klängen sind, erscheinen die Buddhas in solcher Art, das heißt, in ganz bestimmten Formen und Klängen. Jede dieser Formen ist eine Verkörperung des Dharmakaya selbst, und das Erscheinen in dieser Weise ist ein äusserst geschicktes Mittel, um gezielt Wirkungen hervorzubringen.

Aus den vielen verschiedenen Gottheiten, die es in den Tantras gibt, werde ich in den nächsten Tagen speziell über die Erscheinung der Tara oder *Drölma* auf tibetisch Erklärungen geben. Da viele von Ihnen ohnehin Tara-Gebete und Mantras

62

rezitieren und Meditationen ausführen, denke ich, daß es nützlich ist, wenn wir etwas mehr darüber wissen.

Richtige Auffassung

Um Dharma in einer wirkungsvollen Weise anwenden zu können, ist es außerordentlich wichtig, die richtige Auffassung zu entwickeln. Wie es immer wieder heißt: «Es gibt zwei wichtigste Punkte in der Anwendung, einen am Anfang und einen am Ende.» Am Anfang ist es die Motivation, die richtige Auffassung und Einstellung, die entscheidend ist und am Ende die Widmung, das heißt, das Ziel, auf das man die Wirkung der ausgeführten Anwendung richten will.

Bei allen Handlungen bestimmt die Auffassung, was für eine Handlung es ist, ob es eine gewöhnliche Handlung ist oder eine Anwendung von Dharma. Auch innerhalb der Anwendung von Dharma bestimmt die Motivation, welche Ebene der Anwendung von Dharma es ist.

So wie es der Meister *Dsche Tsongkhapa* sagt:

«Wenn der Geist in einem heilsamen Zustand ist, sind Weg und Stufen heilsam. Wenn der Geist in einem geringeren Zustand ist, sind auch Weg und Stufen gering. Alles hängt von der Auffassung ab.»

Wenn die Einstellung heilsam ist, dann werden nicht nur Anwendungen des Dharma zu einer wirklichen, wirkungsvollen Anwendung, sondern auch gewöhnliche Bemühungen, die nicht eine Anwendung von Dharma sind, können durch die richtige Einstellung zu etwas sehr Wertvollem, sehr Heilsamem werden.

Abgesehen von außerordentlich negativen Handlungen, die direkt einen Schaden für die Wesen erzeugen, können positive und neutrale Handlungen durch das Erzeugen einer entsprechenden starken Motivation zu etwas außerordentlich Heilsamem gemacht werden. Deshalb wird immer wieder betont, daß die Anwendungen der Paramitas wie Großzügigkeit, Ethik usw. in erster Linie eine Anwendung des Geistes sind, eine entsprechende Einstellung und Auffassung des Geistes.

Zum Beispiel ist eine Handlung des Gebens und der Großzügigkeit an und für sich eine sehr heilsame, wertvolle Handlung. Ob nun ein solches Tun wirklich heilsam oder eine neutrale Handlung ist oder sogar eine negative Handlung wird, hängt alles vom Zustand des Geistes ab, mit dem man einer solchen Bemühung folgt.

So wird deutlich gemacht, daß das Geben folgendermaßen zu verstehen ist: Wenn man etwas mit der Absicht gibt, einem andern Wesen einen Nutzen zu bringen, dann ist es dieser ernsthafte

64

Wunsch, dem andern etwas zu geben, der als die eigentliche Großzügigkeit bezeichnet wird. Dadurch wird deutlich: Solange man diese Einstellung im eigenen Geist hat, ganz gleich, ob man materielle Dinge besitzt, die man geben kann oder nicht, ist es möglich, das Paramita der Großzügigkeit zu vollenden.

Wenn der Wunsch, den andern damit zu nützen, nicht vorhanden ist, mag man noch so viele Dinge geben und verschenken, es wird nicht zu einer Anwendung des Gebens. Wenn negative Motivationen mitspielen, sei es, daß man großzügig ist, um bekannt und berühmt zu werden oder andere zu übertreffen, dann wird dieses Tun des Gebens zu einer negativen Handlung. Es ist auch durchaus möglich, mit negativer Absicht zu geben, zum Beispiel anderen etwas zu geben, um ihnen damit zu schaden. Das verändert die ganze Natur des Handelns.

Deshalb wird immer wieder betont, wie wichtig bei allen Beschäftigungen die Motivation ist. Die ganze Anwendung des Dharma ist in erster Linie nichts anderes als eine gezielte Bemühung, die Auffassung des Geistes zu verändern.

Ob ein Tun eine weltliche Handlung oder eine Anwendung des Dharma ist, hängt von der Motivation ab. Das heißt, jede Handlung, die darauf abzielt, für einen selbst im Moment einen Nutzen, eine Hilfe oder einen Gewinn zu erzielen, ist eine weltliche

Handlung. Kurz gesagt, alle Handlungen, die von den acht weltlichen Einstellungen beeinflußt sind, werden als weltliche Beschäftigungen bezeichnet. Handlungen, die ausgeführt werden, um gegenwärtiges Leid zu überwinden, um einen gegenwärtigen Verlust zu vermeiden oder gegenwärtig Kritik abzuwenden oder um im Moment einen schlechten Ruf zu vermeiden, sind weltliche Handlungen. Handlungen, die darauf abzielen, gegenwärtiges Wohlergehen zu finden, einen Gewinn zu machen, gelobt zu werden oder einen guten Ruf zu erlangen, sind weltliche Handlungen.

So beruhen alle unsere weltlichen Tätigkeiten vollständig auf den ersten vier weltlichen Einstellungen: der Angst vor Leid, Verlust, Kritik, schlechtem Ruf, und der Hoffnung auf die zweiten vier, dem Verlangen nach Wohlbehagen, Gewinn, Lob und gutem Ruf.

Wenn man zum Beispiel krank ist, ist der Versuch, das Unbehagen der Krankheit zu überwinden und das Wohlergehen der Gesundheit zu erreichen, zweifellos eine weltliche Beschäftigung, ein weltliches Tun. Das heißt nicht, daß das etwas Schlechtes ist. Aber es wird auch deutlich, daß es sich nicht unbedingt um eine Anwendung von Dharma handelt, wenn man sich um seine Gesundheit kümmert.

Solche Bemühungen sind eine gewöhnliche weltliche Beschäftigung und keine spezielle Anwendung von Dharma. Aber wenn man eine richtige, sehr heilsame Motivation entwickelt, dann ist es durchaus möglich, auch solche gewöhnlichen weltlichen Beschäftigungen zu einer Anwendung von Dharma zu machen.

Das heißt, daß man nicht um seine Gesundheit bemüht ist, weil man die angenehme Empfindung eines gesunden Körpers erfahren will, sondern daß man sich um seinen Körper kümmert, um mit einem langen Leben großen Nutzen für andere und entsprechende Notwendigkeiten für sich selbst zu erfüllen. Durch die Absicht, mit seinem Leben einen wirklichen Nutzen für andere und etwas Sinnvolles für sich selbst anzustreben, wird auch die Bemühung, gesund zu bleiben, etwas Heilsames.

Auf diese Weise können auch gewöhnliche weltliche Bemühungen in eine wirkungsvolle Anwendung von Dharma verwandelt werden. Umgekehrt jedoch kann durch eine falsche Motivation auch eine Anwendung von Dharma unheilsam werden, selbst das Ausführen von Meditationen und Klausuren, das Rezitieren vieler Mantras oder das Lernen von Dharma, wenn man dadurch gelehrt und bekannt werden will. Wenn hinter einer Meditation solche Absichten stehen wie das Erlangen übernatürlicher Kräfte, das Übertreffen anderer usw., dann wird selbst eine solche Bemühung des Dharma zu einer gewöhnlichen weltlichen oder gar negativen Handlung.

Durch falsche Absicht wird eine Bemühung im Dharma nicht nur zu etwas ganz Gewöhnlichem und Weltlichem, sondern kann zudem auch recht gefährlich werden. Vor allem in der Anwendung der Tantras gibt es viele Methoden, um besondere Kräfte und Fähigkeiten zu erlangen. Wenn falsche Motivationen am Werk sind, wenn man die Absicht hat, weltliche Ziele damit zu erreichen oder sogar anderen Schaden zuzufügen, dann besteht durch diese falsche Motivation eine große Gefahr, daß die Bemühungen zu etwas sehr Negativem und Schädlichem werden.

Buddha hat in den Tantras besonders viele Methoden zum Entwickeln außergewöhnlicher Fähigkeiten beschrieben. Diese hat Buddha für Bodhisattvas unterrichtet, das heißt für Wesen, die Großes Erbarmen entwickelt haben und einzig darauf abzielen, anderen Wesen in möglichst effizienter und wirkungsvoller Weise zu helfen. Die besonderen Fähigkeiten und Kräfte, die sie durch diese Unterweisungen Buddhas erlangen, können dabei sehr nützlich sein. Das ist der Zweck dieser Unterweisungen und des Entwickelns dieser Fähigkeiten. Es ist nicht richtig, sie für gewöhnliche, egoistische Ziele einzusetzen.

So gibt es Methoden, um Wohlstand zu steigern, um die eigene Kraft zu steigern und selbst Methoden, um hindernde Umstände gänzlich auszulöschen. Alle diese wurden einzig mit dem Ziel unterrichtet, in möglichst wirkungsvoller Weise die Notwendigkeiten der Wesen zu erfüllen, ihnen zu nützen. Gänzlich falsch ist es, wenn solche Mittel angewendet werden, um eigenen Gewinn zu erzielen oder um anderen Schaden zuzufügen.

Deshalb wird immer wieder betont, daß die Anwendungen der Tantras nur dem Schüler gegeben werden dürfen, der durch die Schulung des Geistes in den grundlegenden Auffassungen des Dharma vollständig reif dafür ist. Wenn diese Voraussetzungen gegeben sind und der Geist bereit ist, dann werden die Methoden der Tantras außerordentlich wirkungsvoll sein, weil man die ersehnten Ziele in der Anwendung des Dharma in sehr effizienter und schneller Weise erreichen kann.

Weitsicht

Es ist notwendig, eine weitreichende Auffassung zu entwickeln, das heißt, nicht nur die gegenwärtigen Erfahrungen dieses Lebens ins Auge zu fassen, sondern seinen Blick weit über dieses Leben hinaus zu richten. Um die kurzsichtigen, auf dieses Leben beschränkten Auffassungen zu überwinden, ist das wirkungsvollste Mittel, sich der Vergänglichkeit dieses Lebens bewußt zu werden; sich bewußt zu werden, daß, ganz gleich, welche Kräfte man sich in diesem Leben aneignet, ganz gleich, welches Wissen man sich in diesem Leben erwirbt, es mit dem Ende dieser Existenz vollständig vergehen wird. Das einzige, was die weitere Zukunft über dieses Leben hinaus bestimmt, ist das Gesetz von Handlungen und ihren Wirkungen.

Wenn es einem nicht gelingt, mit der Anwendung des Dharma die Auffassung des Geistes zu verändern, wenn man statt dessen vielleicht Fähigkeiten entwickelt wie die, daß man seinen Körper in die Luft erheben kann, daß man fliegen kann, ohne technischen Schnick-Schnack zu benützen, oder daß man sogar den Geist anderer wahrnehmen kann – selbst wenn man solche Fähigkeiten entwickelt, aber die Auffassungen seines Geistes nicht verbessert hat, dann werden alle diese Kräfte mit dem Ende des Lebens auf jeden Fall ihr Ende finden. Und es besteht jede Möglichkeit, daß man sich in der nächsten Existenz in einer Situation befindet, wo man, ganz abgesehen davon, im Raum zu fliegen, nicht einmal die Fähigkeit hat, auf zwei Beinen zu stehen, oder ganz abgesehen davon, den Geist anderer Wesen wahrnehmen zu können, nicht einmal in der Lage ist zu erkennen, was direkt vor einem wirklich vorhanden ist.

Denn man befindet sich im bedingten Dasein; und es ist die Natur des bedingten Daseins, daß man manchmal Daseinsformen erlangt wie zum Beispiel solche der Devas (Götter), in denen man außerordentliche Fähigkeiten und besondere Kräfte besitzt, und sich dann schon in der nachfolgenden Existenz vielleicht in einer unglücklichen Daseinsform befindet, in der man mit allen vieren auf dem Boden krabbelt, tiefstes Unwissen den eigenen Geist plagt und man eine Großzahl von Leiden und Unannehmlichkeiten erfährt. Es ist die Eigenschaft der bedingten Existenz, daß es keine Sicherheit bezüglich Stellung und Art des Daseins gibt.

Das ist es, was den Wesen in bedingtem Dasein meistens passiert: Als Resultat einer ganz spezifischen positiven Handlung erlangen sie einen glücklichen, hohen Zustand mit vielen angenehmen Erfahrungen. In diesem Zustand verbrauchen sie dieses heilsame Potential vollständig, sie verjubeln es gänzlich. Am Ende dieses Lebens fallen sie dann in sehr negative Existenzformen, in das andere Extrem der Existenz. Es ist für gewöhnliche Wesen recht selten, daß sie von einer glücklichen Daseinsform zu einer nachfolgenden glücklichen Daseinsform gehen können.

Deshalb hat Buddha es folgendermaßen beschrieben: «Die Zahl der Wesen, die von angenehmen Existenzen in elende Existenzen gehen, ist so groß wie die Zahl der Atome der ganzen Erde. Die Zahl der Wesen, die von angenehmer Existenz zu angenehmer weitergehen, ist lediglich so groß wie die Zahl der Atome des Staubes auf dem Nagel eines Fingers.»

Es ist also nicht so einfach, in der Zukunft eine glückliche Daseinsform zu finden. Manche Leute nehmen das recht locker und spaßen darüber, wo sie wieder Geburt nehmen wollen, sogar in welcher Familie, welchem Land. Aber es ist in keiner Weise leicht, so etwas zu erreichen. Selbst wenn man mit einer bestimmten Familie einen Vertrag schließen könnte, ist die Chance, daß man den Vertrag erfüllen kann, außerordentlich gering. Wir können zweifellos viele Phantasien und Wünsche haben. Eine große Zahl von Wünschen und Vorstellungen tritt in unserem Geist auf, aber was tatsächlich am Ende dieses Lebens passiert, wohin man weitergeht, das ist unabhängig von unseren Phantasien, sondern folgt strikt dem Gesetz von Handlungen und entsprechenden Wirkungen.

In bezug auf unsere zukünftige Existenz mögen wir alle möglichen Wünsche und Vorstellungen haben, wie zum Beispiel den Wunsch, an einem bestimmten Ort Geburt zu nehmen und vielleicht die Gelübde eines Mönches zu bekommen, Schüler eines bestimmten Meisters zu werden usw., aber unsere guten Wünsche allein sind nicht genug, um ein solches Resultat zu erzeugen. Um einer wirklichen Anwendung von Dharma zu folgen, ist es deshalb außerordentlich wichtig, über dieses Leben hinaus zu denken, das heißt, sich der großen Schwierigkeiten, die unweigerlich mit dem Ende dieses Lebens auf einen zukommen werden, bewußt zu werden. Diese Überlegungen sind die wirkungsvollsten, um unseren Geist dazu zu bringen, die gewöhnlichen Auffassungen zu überschreiten.

Der Zweck der Anwendung des Dharma ist also nicht, gegenwärtige Dinge zu erreichen, sondern einen Langzeit-Gewinn, eine langfristige positive Wirkung, und letztlich vollständige Freiheit über den Kreislauf des bedingten Daseins zu gewinnen.

Um den Weg des Großen Fahrzeugs zu gehen, ist es notwendig, noch darüber hinauszugehen und eine ehrliche, ernsthafte Sorge um das Wohlergehen der andern Wesen zu entwickeln. Diese Auffassung sollte man hervorbringen, indem man erkennt, daß nicht nur man selbst in einer schwierigen Lage ist, sondern daß es unzählige andere gibt, die in der gleichen Weise in einer schwierigen Situation sind, und daß diese Wesen nicht irgendwer sind, sondern welche, mit denen man eine sehr, sehr enge Verbindung hat. Mit unserer engen und auf kurze Zeit begrenzten Auffassung und aufgrund unserer Ichbezogenheit haben wir den Eindruck, daß wir nur zu einer ganz kleinen Gruppe von Lebewesen eine Beziehung haben. Aber in Wirklichkeit ist es so, daß wir mit allen Wesen eine sehr enge Verbindung haben, zu allen eine ganz besondere, sehr nahe Verwandtschaft besteht.

Aufgrund unserer ichbezogenen Einstellung teilen wir die andern in drei Gruppen ein: in solche, die uns nahestehen, Freunde, und solche, die uns fernstehen, die wir nicht mögen, die wir als Feinde sehen, und solche, die uns gleichgültig sind. Das ist eine Einteilung, die wir nur aufgrund unserer Unwissenheit und ichbezogenen Auffassung machen. In Wirklichkeit jedoch haben wir zu allen Wesen die gleiche, enge Beziehung und in gleicher Weise in sehr großem Maße aus ihnen Nutzen gezogen.

Weg der Bodhisattvas

Auf dem Weg der Bodhisattvas ist es außerordentlich wichtig, ein breites, umfassendes Erbarmen zu entwickeln, ein Erbarmen, das auf alle Wesen ohne eine einzige Ausnahme gerichtet ist. Sobald man in seinem Erbarmen, seinem Wunsch für das Wohlergehen der andern auch nur eine einzige Ausnahme macht, ist das ein entscheidendes Hindernis, das es einem nicht möglich macht, den Weg der Bodhisattvas zu gehen. Diese unparteiische Auffassung und Sorge um das Wohlergehen aller Wesen, dieses Wohlwollen ist außerordentlich wichtig.

Anstatt so sehr um die eigene Situation besorgt und darauf bedacht zu sein, sollte man eine offene, weite Auffassung entwickeln und nach dem Wohlergehen der andern sehen und eine entsprechende Sorge um die Freiheit von allem Leid aller andern Wesen erzeugen.

Auch sollte man das nicht als eine Aufgabe der gegenwärtigen Buddhas und Bodhisattvas sehen, sondern man sollte es als persönliche Verantwortung betrachten. Diese persönliche Verantwortung ist nicht etwas, das man in großzügiger Weise auf sich nimmt, sondern sie lastet in natürlicher Konsequenz auf einem. Indem man erkennt, wie sehr andere Wesen von einem selbst abhängig sind, sollte man ein tiefes Erbarmen den andern gegenüber entwickeln und daraus eine sehr feste Entschlossenheit erzeugen, sich anzustrengen, um den Zustand der vollen Erleuchtung zu erreichen.

Man sollte jedoch nicht sich bemühen, Erbarmen und Wohlwollen den andern gegenüber zu entwickeln, weil man das als unumgängliche Notwendigkeit für das Erreichen der eigenen Erleuchtung sieht. Dann wird es wiederum zu einer Art Verpflichtung, die man in bezug auf sich selbst sieht; sondern vielmehr sollte man die unbedingte Notwendigkeit erkennen, den Nutzen der anderen Wesen zu erreichen und zu verwirklichen.

Wenn man die Auffassung hat, daß man selbst die volle Erleuchtung erlangen möchte, und sieht, daß es dazu notwendig ist, Erbarmen zu entwickeln, und aufgrund eines solchen Gedankenganges bemüht ist, Erbarmen zu erzeugen, dann ist das nicht richtig. Das sind nicht die richtigen Voraussetzungen für das Entwickeln von Erbarmen. Mit solchen Überlegungen ist gleich von Anfang an in der Motivation schon etwas ganz schiefgegangen.

Das ist der Grund, weshalb die Reihenfolge der einzelnen Punkte im Lamrim eine sehr tiefe Bedeutung hat. Da wird zuerst die eigene Situation betrachtet. Man erkennt, wie man selbst im bedingten Dasein existiert, und erkennt die Unzulänglichkeiten dieser Art des Daseins. Wenn man in dieser Weise Entsagung entwickelt hat, dann richtet man seine Aufmerksamkeit auf die Situation der andern, erkennt die Lage der andern als eine ähnlich unerträgliche, woraus dann Erbarmen entsteht und entwickelt wird. Wenn das Erbarmen entsprechend stark geworden ist, entsteht daraus der Geist der Erleuchtung, der Wunsch, für das Wohl aller andern Wesen die volle Erleuchtung zu erreichen. In dieser Weise sieht man, daß die Reihenfolge, wie sie in den Punkten des *Lamrim* beschrieben ist, sehr bedeutungsvoll ist.

Die Vorgangsweise ist also nicht so, daß man selbst die Erleuchtung erlangen möchte und dann erkennt, daß man zum Erlangen der Erleuchtung die Wesen braucht und dadurch einsieht, daß man auch Erbarmen mit den Wesen braucht. Es ist umgekehrt. Man sieht zuerst die Situation der andern Wesen, die enge Verbindung, die man zu ihnen hat; es entsteht eine echte Sorge um das Wohlergehen der andern, eine tiefe Zuneigung und daraus der Wunsch, wirklich etwas an ihrer Situation zu ändern. Daraus ergibt sich dann die Erkenntnis, daß das nur durch die eigene Erleuchtung möglich wird. Es wird also das Erlangen der vollen Erleuchtung ein Werkzeug, das man sucht, um den Wunsch nach dem Wohlergehen der andern erfüllen zu können.

Deshalb wird auch immer wieder betont, daß in der Anwendung des Dharma, und im besonderen in der des Großen Fahrzeuges, nicht die Erleuchtung der zentrale Punkt ist, nicht die Buddhas, sondern die Wesen, die Notwendigkeiten der Wesen. Im Bezug zu den Wesen, im Bezug zu ihren Bedürfnissen entsteht erst die Notwendigkeit aller Stufen der Entwicklung des Geistes, des Zustandes der Erleuchtung, des Dharma und so weiter.

Das Ziel ist also, eine tiefe Zuneigung und eine Wertschätzung gegenüber den andern zu entwickeln, eine wirkliche Sorge um ihr Wohlergehen, ein richtiges Erbarmen zu erzeugen. Daraus entsteht dann der Wunsch, die volle Erleuchtung zu erreichen, um das Wohlergehen der andern möglich zu machen. Unter voller Erleuchtung ist nichts anderes zu verstehen als eine Perfektion des eigenen Geistes, eine Vollkommenheit aller Qualitäten.

So ist das der eigentliche Weg des geistigen Fortschrittes, der inneren Entwicklung, der vor allem von der eigenen Entschlossenheit und Anstrengung abhängig ist. Gleichzeitig aber benötigt man für einen solchen Fortschritt auch die Hilfe und den Segen der erleuchteten Wesen, der Buddhas, der Drei Juwelen. Deshalb wurde die Wichtigkeit der Zuflucht beschrieben, die Notwendigkeit des tiefen Vertrauens auf die Drei Juwelen. Indem man einerseits die Anstrengungen seines eigenen Körpers, seiner Rede und seines Geistes gezielt einsetzt und gleichzeitig auch um die Hilfe und den Segen der Drei Juwelen auf der Grundlage eines tiefen Vertrauens bittet, ist Fortschritt möglich.

Segen

Wenn man versteht, daß die Auffassung der Zuflucht zu den Drei Juwelen selbst beim Erlangen der vollen Erleuchtung vorhanden ist, dann ist es nicht mehr notwendig, weiter zu betonen, wie wichtig und unumgänglich eine solche Auffassung für uns als Anfänger ist, in einem Zustand, wo unsere Fähigkeiten und unsere Kraft des Geistes äußerst schwach sind.

So ist es für uns entscheidend, aus der Tiefe unseres Herzens Zuflucht bei den Drei Juwelen zu suchen, aus einem tiefen Vertrauen auf diese drei Objekte. Indem wir unser Vertrauen punktförmig auf die Drei Juwelen richten, unseren Schutz, unsere Hilfe ganz in diesen Objekten suchen, entsteht das, was auf tibetisch *Tschinlab* genannt wird, das heißt «Segen». Das ist nichts anderes als eine positive Beeinflussung oder Veränderung im eigenen Geist, eine heilsame, wirkungsvolle Transformation, etwas, das wir für das Gelingen unserer Bemühungen in der Anwendung des Dharma so unbedingt brauchen.

Tschinlab heißt wörtlich übersetzt «Welle der Ausstrahlung». Aber das sollte man nicht wörtlich nehmen und sich nicht vorstellen, daß Wellen von Licht oder Laserstrahlen in einen eindringen; es ist nichts anderes als ein fördernder Einfluß, eine stärkende Beeinflussung des Geistes.

Wenn es heißt, Welle der Ausstrahlung, dann ist das vielleicht so zu sehen wie bei der Sonne. Die Sonne hat ebenfalls eine Ausstrahlung, und diese Lichtwellen oder Strahlen haben unter anderem die Wirkung, die Dunkelheit auf der Erde zu beseitigen. Entsprechend hat diese Welle der Ausstrahlung, dieser Segen, den wir von den Drei Juwelen erhalten, ebenfalls die Wirkung, die Dunkelheit der Verblendungen in unserem Geist zu beseitigen.

So sollte man den Segen, den man vom Meister, von den Drei Juwelen erhält, gleichfalls als einen stärkenden Einfluß sehen, der es einem möglich macht, die Verblendungen zu überwinden. Falsch wäre es, sich vorzustellen, daß dieser Segen eine Art von Übertragung besonderer Schwingungen ist, die bei uns bestimmte Gefühle auslösen. Das ist nicht der Fall.

Wenn man also vom Segen der Buddhas spricht, der durch die Einstellung der Zuflucht entsteht, dann sollte man das so auffassen, daß es ein helfender Einfluß ist, der einem die Möglichkeit gibt, die Verblendungen zu überwinden oder positive Neigungen wie Vertrauen, Hingabe und Entschlossenheit in der Anwendung von Dharma zu stärken. Solche Auffassungen entstehen durch das Erlangen eines Segens im eigenen Geist.

Auf unserer Ebene der Anwendung sind wir sehr von äußeren Faktoren und Einflüssen abhängig. Indem wir mit einem Meister in Kontakt kommen, die Namen der Buddhas hören, äußere Repräsentationen wahrnehmen, werden in uns entsprechende Gedanken ausgelöst. Dadurch entstehen in uns Vertrauen, Hingabe und der Wunsch, entsprechende Auffassungen zu entwickeln. Das ist die Bedeutung des Segens. Das ist die Art von Einfluß oder Wirkung, die durch diesen Kontakt entstehen sollte.

Eigentlich sollte es nicht notwendig sein, diese Wirkungen durch äußere Einflüsse auszulösen. Um den Segen der Buddhas zu erlangen, ist man eigentlich nicht von solchen äußeren Objekten abhängig. Aber auf unserer Stufe der Entwicklung sind derartige äußeren Einflüsse sehr entscheidend. So ist es auch bedeutend, einen Meister zu treffen, eine heilige Statue der Buddhas zu besuchen und wahrzunehmen, weil unsere Auffassungen durch solche äußere Faktoren entscheidend beeinflußt werden.

Tatsächlich ist es so, daß die Umgebung, in der wir leben, ständig die Wirkung hat, verschiedenen «Segen» auf uns auszuüben. Nur ist es nicht immer ganz die richtige Art des Segens, den wir von diesen Objekten erfahren. Wenn wir bestimmte Objekte sehen, löst das in uns sofort Verlangen und Begierde aus. Dieses Verlangen ist nichts anderes als der Segen des entsprechenden Objektes. Andere Dinge lösen in uns Haß und Ärger aus. Dieser Ärger ist ebenfalls nichts anderes als der spezifische Segen dieses entsprechenden Objektes. So werden wir ständig von unserer Umgebung mit verschiedensten Arten des Segens bombardiert. Allerdings ist es meistens eine Art von Segen, den wir nicht brauchen. Tatsächlich ist es so, daß der Segen der Buddhas, der so wichtig für unsere geistige Entwicklung ist, in der gleichen Weise funktioniert, aber von anderer Natur ist.

Welchen Einfluß wir erhalten, hängt in erster Linie vom Zustand des eigenen Geistes ab. Beeinflussungen können auch von nichtbelebten Objekten ausgehen, aber sie sind wirkungsvoller und stärker, wenn sie von belebten Objekten ausgehen, weil bei einem Wesen eine Aufmerksamkeit da ist, eine

Absicht da ist, die von der eigenen Seite her ebenfalls mit einer entsprechenden Aufmerksamkeit und Absicht beantwortet wird, und dadurch eine größere Wirkung zustande kommt.

Da diese Wirkungen sehr vom Zustand des eigenen Geistes abhängig sind, kann ein solcher Einfluß auch von nichtbelebten Objekten ausgehen. So kann zum Beispiel selbst ein Photo, ein Bild einen starken Eindruck auslösen, obwohl ein Photo nichts anderes als ein buntes Stück Papier ist, das von seiner eigenen Seite her keinerlei Absicht hat. Aber viele Leute betrachten bestimmte Photos als sehr wertvoll. Allein schon das Betrachten eines solchen Bildes löst in ihnen bestimmte Auffassungen aus, was alles nur vom Geist des Betrachters gemacht ist, da von der Seite des Photos her zweifellos keinerlei solche Absichten bestehen.

Wenn es sich aber nicht um ein unbelebtes Ding handelt, sondern um ein Wesen, ein belebtes Objekt, dann trifft die eigene Aufmerksamkeit mit der Aufmerksamkeit der andern Person zusammen und macht den Effekt entsprechend stärker und intensiver. Wenn die andere Person zum Beispiel schreit und ein rotes Gesicht bekommt, dann antwortet sie damit auch auf die eigenen Provokationen. Dadurch werden die Wirkungen im eigenen Geist äußerst konkret und intensiv.

Ein Photo kann man zerreißen oder darauf herumtrampeln, es wird nicht antworten. Wenn man das gleiche jedoch mit der wirklichen Person versucht, wird diese antworten. Die Art der Antwort kann eine außerordentlich intensive Art von Segen sein, die man dann erfährt.

Nun, wenn das Objekt die Buddhas sind und ein entsprechendes Vertrauen von der eigenen Seite auf sie gerichtet ist, dann besteht keine Frage, ob das Objekt weiß, in welchem Zustand man ist, oder ob es aufmerksam ist und zuhört. Denn Buddhas sind allwissend und immer aufmerksam. So besteht keinerlei Zweifel, daß von der Seite der Buddhas her immer Aufmerksamkeit gegeben ist, sie immer wissen, in welchem Zustand unser Geist ist, was unsere Absichten sind.

Man braucht nicht zu zweifeln, ob die Buddhas auch wirklich wissen, daß man Schutz bei ihnen sucht. Denn das einzige Objekt des Interesses, das einzige Ziel der Aufmerksamkeit und der Aktivitäten der Buddhas sind die Wesen. Es gibt nichts anderes, was sie interessiert, nichts anderes, worauf ihre Absichten und Bemühungen gerichtet sind.

Aufgrund ihres großen Erbarmens sind die Buddhas nicht nur aufmerksam gegenüber allen Wesen, also auch gegenüber uns, sondern auch ihre Kraft und ihre Fähigkeiten sind grenzenlos, weil sie die Freiheit von allen Hindernissen erreicht haben.

Denn die erleuchteten Wesen haben, angefangen von den ersten Stufen des Weges der Bodhisattvas,

ein ungeheures Maß an heilsamem Potential angehäuft und zur Perfektion gebracht. Sie haben einen
Zustand erreicht, in dem allein ihre Anwesenheit
selbst, ohne daß eine besondere Anstrengung von ihrer Seite aufgebracht wird, für die Wesen von einzig-
artigem Nutzen ist. Nur schon das Vorhandensein
eines erleuchteten Wesens ist etwas, das den Wesen
außerordentlich hilft.

Das ist vergleichbar mit der Sonne. Weil die Sonne von der Natur des Feuers und Lichtes ist, hat sie
die Wirkung, Dunkelheit zu erhellen und Wärme
zu spenden, ohne daß dabei von der Seite der Sonne
Anstrengungen oder Absichten notwendig wären.
Genauso hat allein das Vorhandensein eines erleuchteten Wesens eine entsprechende Wirkung auf
die Wesen, weil ein erleuchtetes Wesen eine Ver-
vollkommnung des heilsamen Potentials erreicht
hat und alle Hindernisse des Geistes beseitigt hat.
Weil alle Hindernisse aus dem Geist entfernt sind,
sind spontanes Handeln und spontane Wirkungen eines erleuchteten Geistes ständig vorhanden.
Deshalb ist allein schon die Anwesenheit eines erleuchteten Wesens von ungeheurem Nutzen für alle
Wesen. Denn im Zustand der vollen Erleuchtung
gibt es keinerlei Vorstellungen mehr und keine Anstrengung, keine Gedanken. Es ist ein Zustand, der
eine solche Perfektion erreicht hat, daß alle Aktivitäten ständig und spontan ohne vorhergehende

Überlegungen, Gedanken oder Vorstellungen zustande kommen.

So ist von der Seite der erleuchteten Wesen ein perfekter Zustand vorhanden, der alle Voraussetzungen gänzlich erfüllt. Aber das allein ist nicht genug. Da alle Wirkungen in abhängiger Weise zustande kommen, muß auch von der eigenen Seite her eine entsprechende Voraussetzung gegeben sein. Diese kommt dadurch zustande, daß man mit tiefem Vertrauen seinen Geist auf diese erleuchteten Wesen richtet. Dadurch entsteht der Segen, entstehen die Beeinflussungen, die dann eine entsprechende positive Wirkung auf den eigenen Geist haben.

Es ist vergleichbar dem Mond, der klar in der Nacht scheint. Zu dieser Zeit wird er sich in jeder glatten Wasseroberfläche spiegeln, ohne spezielle Absicht oder Anstrengung. In jeder Wasseroberfläche, ganz gleich, wie groß oder klein sie ist, ob es ein großer See, ein Weiher oder nur eine kleine Lache ist, wird sich das Licht des Mondes widerspiegeln. Wenn das Wasser aber trüb oder aufgewühlt ist, dann wird eine solche Spiegelung nicht entstehen.

Entsprechend wird der Segen der Buddhas unseren Geist erreichen, wenn die Einstellung der Hingabe und Zuflucht im eigenen Geist vorhanden ist. Wenn unser Geist aber gänzlich von Verblendungen und falschen Vorstellungen aufgewühlt ist, dann wird es für den Segen der Buddhas sehr schwer sein, unseren

Geist zu erreichen, selbst wenn wir von Tausenden von Buddhas umgeben sind.

Von der Seite der Buddhas her sind alle Vorraussetzungen gänzlich erfüllt. Denn seit langer Zeit haben sie keinen sehnlicheren Wunsch gehegt, als den Wesen in jeder nur erdenklichen Weise von Nutzen zu sein. Deshalb wird allein das Sehen, Hören oder Erinnern dieser erleuchteten Wesen in uns große Wirkungen bringen. Denn die ganze Entwicklung des Geistes der erleuchteten Wesen ist darauf ausgerichtet, damit allen Wesen von Nutzen zu sein. Deshalb wird auch jede Bemühung von unserer Seite, sich an die erleuchteten Wesen zu erinnern, sie zu hören oder sie zu sehen einen unvergleichlichen Nutzen haben. In dieser Weise ist auch der Segen zu verstehen.

Indem man diese Eigenschaften kennt, sollte man ein tiefes Vertrauen, eine tiefe Hingabe gegenüber den erleuchteten Wesen entwickeln. Das ist die Grundlage für alle diese Meditationen und Anwendungen. Alle Methoden, die in den Yogas, den Meditationen und Sadhanas beschrieben werden, sind nichts anderes als gezielte, wirkungsvolle Mittel, um diesen spezifischen Segen der Buddhas im eigenen Geist zu erzeugen. Denn obwohl von der Seite des Objektes her alle Voraussetzungen erfüllt sind, sind in unserem Geist viele Hindernisse und Unzulänglichkeiten vorhanden. Diese Sadhanas sind das spezielle Mittel, um unseren Geist in einen Zustand zu versetzen, in dem er richtig vorbereitet und in geeigneter Verfassung ist, um direkt den Segen der Buddhas zu erfahren.

Als Grundlage muß aber die Einstellung der Zuflucht und Hingabe zu den Drei Juwelen vorhanden sein. Denn wenn diese nicht gegeben ist, wird das Ausführen solcher Methoden wie Sadhanas vielleicht die Konzentration etwas verbessern oder die Kraft der Visualisation etwas fördern, aber der eigentliche Zweck dieser Sadhanas wird nicht erfüllt. Der eigentliche Sinn ist, den Geist in einen Zustand zu versetzen, in dem er den Segen der Buddhas in wirkungsvoller Weise erfahren kann.

Nun, der Segen beginnt dann, wenn in unserem Geist Vertrauen und Hingabe gegenüber den erleuchteten Wesen entstehen. Dann ist gewissermaßen ein kleiner Funke entstanden. Ein kleines Feuer hat damit begonnen, ein kleines Feuer des Erreichens des Segens der Buddhas. Das Ziel ist erreicht, wenn man selbst den Zustand dieser erleuchteten Wesen erlangt hat. Dann ist der Weg vollendet.

Dieser Segen bedeutet eine Veränderung unseres Geistes. Er beginnt damit, daß Vertrauen und Hingabe im Geist entstehen und er endet damit, daß der Geist sich so weit verändert hat, daß Körper, Rede und Geist vollständig eins werden mit dem Zustand der erleuchteten Wesen. Dann ist diese Beeinflussung, der Segen zur Vollendung gekommen.

In diesen Anwendungen findet man viele Ehrungen der Gottheit Tara. Deshalb wurden diese essentiellen Punkte noch einmal speziell betont. Auch wenn es eine gewisse Wiederholung sein mag, ist es dennoch wichtig, diese grundlegenden Zusammenhänge richtig zu verstehen, um eine richtige Auffassung für das Ausführen solcher Sadhanas gewinnen zu können.

Weg der Tantras

Eine reine Einstellung der Zuflucht ist für jede Ebene der Anwendung des Dharma notwendig; und ganz besonders ist sie unumgänglich für die Ausführung der Meditationen und Sadhanas auf den verschiedenen Stufen der Tantras.

Um den Weg der Tantras zu gehen, ist es unbedingt erforderlich, diese Einstellung der Zuflucht und eine reine Einstellung des Dharma zu haben, wie es beschrieben wurde. Es muß eine Einstellung des Dharma sein, es darf keine weltliche sein. Zudem muß es eine Geisteshaltung sein, die auf Erbarmen beruht, die das Wohlergehen anderer Wesen als wichtigstes sieht.

Meditationen über die Gestalt des Buddha findet man in allen Bereichen des Dharma, im Kleinen Fahrzeug und im Großen Fahrzeug. Aber ganz besonders ausführlich sind diese Methoden in den Tantras beschrieben.

Auch Visualisationen der Gestalt des Buddha, konzentrative Meditation und Gebete findet man sowohl im Kleinen Fahrzeug als auch im Großen Fahrzeug. Aber solche detaillierten Beschreibungen, um die Buddhas zu verwirklichen und den Zustand der vollen Erleuchtung zu erlangen durch Meditationen, wie sie in den Sadhanas beschrieben werden, findet man nicht im Kleinen Fahrzeug, auch nicht auf dem Weg der Sutras, sondern das ist etwas, das speziell in den Tantras dargelegt wird. Auch aus diesem Grund ist der Weg der Tantras außerordentlich reich in seinen Mitteln, um das Ziel zu erreichen, für jemanden, dessen Geist reif für solche Methoden ist.

In den Tantras findet man viele verschiedene Erscheinungen, in männlicher und weiblicher Form, mit friedlichem und drohendem Aspekt, in verschiedenen Gruppen und in den Mandalas. Das entspricht genau dieser Vielfalt der Aktivitäten im Zustand der vollen Erleuchtung. Aber man sollte diese verschiedenen Erscheinungen nicht wie unterschiedliche Wesen sehen; sondern alle sind Erscheinungen aus dem Zustand des Geistes, der als Dharmakaya bezeichnet wird, dem allwissenden Zustand des Geistes, dem Zustand der vollen Erleuchtung. Alle diese Manifestationen sollte man als Erscheinungen aus diesem Dharmakaya verstehen.

So heißt es immer, daß alle Buddhas von einer Natur sind, von einem Geschmack im Zustand des Dharmakaya. Wenn wir die volle Erleuchtung erlangen, alle Hindernisse und Fehler unseres Geistes gänzlich beseitigt sind und alle Qualitäten und Fähigkeiten vollständig entwickelt und zum Erblühen gebracht worden sind, verschmilzt auch unsere Natur mit der des Dharmakaya aller andern Buddhas.

Es ist vergleichbar mit den Flüssen und Strömen, die solange sie fließen, verschiedene Größen und Namen haben. Aber wenn sie ins Meer strömen, vereint sich ihr Wasser und ist nicht mehr unterscheidbar.

Der allwissende Dharmakaya ist der eigentliche Zustand der Buddhas, der alle Objekte ohne jegliche Ausnahme erfaßt.

In den Sadhanas lädt man zwar immer wieder die Buddhas von ihrem reinen Reich ein, obwohl das nicht notwendig ist, da Buddhas überall existieren können, weil ihre allwissende Weisheit alles Existente umfaßt und sie somit nicht von Richtungen und speziellen Orten abhängig sind. Deshalb sagt Buddha auch: «Wo immer ein vertrauender Geist ist, eine vertrauende Auffassung ist, vor dieser Person bin auch ich anwesend.»

Der Dharmakaya wird als Selbstzweckkörper bezeichnet. Dieser ist die eigentliche Natur der Buddhas.

Aber es ist ein Körper, der von andern Wesen nicht wahrgenommen werden kann, den andere Wesen sich nicht einmal richtig vorstellen können. Er ist also für gewöhnliche Wesen kaum zugänglich. Wenn die Buddhas nur in diesem Zustand verweilen würden, könnten sie die Notwendigkeiten der Wesen nicht erfüllen. Nur andere erleuchtete Wesen haben Zugang zum Dharmakaya. Nicht einmal Arya-Bodhisattvas auf den höchsten Stufen der Entwicklung haben die Fähigkeit, den Dharmakaya zu erfassen.

Der Dharmakaya ist der Zustand des Geistes, der gänzlich in die direkte Wahrnehmung der letztlichen Wirklichkeit eingetreten und versenkt ist, ohne jemals wieder aus dieser Versenkung auszutreten, der aber dennoch gleichzeitig alle konventionellen Objekte in vollständiger Weise erfaßt. Das ist die einzigartige Eigenschaft des Geistes des Buddha, daß er beide Wahrheiten gleichzeitig wahrnimmt, daß er einerseits ständig auf die letztliche Wirklichkeit versenkt ist und dennoch zugleich alle konventionellen Objekte wahrnimmt. Kein anderes Wesen ist in der Lage, dasselbe zu tun.

Da weder gewöhnliche Wesen noch Arya-Bodhisattvas diesen Zustand des Geistes erfassen, erscheinen die Buddhas spontan in der relativ subtilen Form des Sambhogakaya und der etwas gröberen Form des Nirmanakaya, um die Notwendigkeiten der Wesen erfüllen zu können.

Diese Arten von Körper werden Formkörper (Rupakaya) genannt und auch als Fremdzweckkörper bezeichnet. Es sind Erscheinungen oder Körper, die die Buddhas für ihre eigenen Notwendigkeiten nicht brauchen, vielmehr verwenden oder benötigen sie diese Körper für die Bedürfnisse der Wesen, die Notwendigkeiten anderer.

Diese Formen sind auch nicht wie Formen in unserem Sinn, die getrennt sind vom Geist, aus unterschiedlicher Substanz oder unterschiedlicher Ursache; sondern sie sind von der Natur der allwissenden Weisheit selbst; so gibt es keine Trennung zwischen der Natur des Rupakaya und der des Dharmakaya, sie sind von derselben Natur.

Da sie von einer Natur sind, können alle geistigen Eigenschaften des Dharmakaya wie Erbarmen, Weisheit, Liebe und so weiter, auch in Formen erscheinen, als Gottheiten wie *Avalokiteschvara* oder *Mandschuschri, Maitreya, Tara* und andere; diese vielen Gottheiten sind nichts anderes als die Selbst-Emanation der verschiedenen Aspekte des Dharmakaya.

In dieser Weise sollte man diese verschiedenen Gottheiten verstehen. Nicht als eigene Wesen, sondern als Formen, in denen der Dharmakaya selbst erscheint. Entsprechend den vielfältigen Notwendigkeiten der Wesen zeigen sich so die Buddhas in unzähligen verschiedenen Formen.

92

Um unsere fünf Aggregate zu reinigen, manifestieren sich die Buddhas in der Form der fünf Dhyani-Buddhas. Um unsere fünf Elemente zu reinigen, erscheinen die Buddhas in der Form der fünf Gefährtinnen. Um unsere acht Quellen zu reinigen, erscheinen sie in der Form der acht Bodhisattvas. So sind alle diese verschiedenen Erscheinungen in den Mandalas als spezifische Manifestationen des Dharmakaya zu sehen, um entsprechende Aspekte in uns zu reinigen, zu entwickeln.

Es gibt noch mehr Methoden, um die verschiedenen subtilen Kanäle, Tropfen und Energien zu reinigen. Dafür kann eine entsprechende Anzahl von Gottheiten in einem spezifischen Mandala erscheinen, wie sich zum Beispiel im *Tschakrasambhara*-Mandala vierundsechzig Gottheiten in bezug auf entsprechende Punkte in uns selbst manifestieren. Bei der Anwendung der *Vadschra Yogini* spricht man von zweiundsiebzigtausend Erscheinungen, die den zweiundsiebzigtausend Kanälen, unseren Nadis, entsprechen.

Das alles sind spezifische, geschickte Mittel, um unseren Zustand zu verändern, zu entwickeln, um den groben, den subtilen und den äußerst subtilen Zustand unseres Körpers zu verwandeln und zur Erleuchtung zu führen. Das ist nicht nur auf die Formen beschränkt, sondern ist letztlich auch die eigentliche Bedeutung der Mantras. Die Mantras dienen alle auch genau diesem einen Zweck.

Tara

Aus dieser großen Zahl verschiedener Erscheinungen werden wir uns jetzt speziell auf die Tara konzentrieren. Sie ist eine der ganz außergewöhnlichen Erscheinungen, die in allen Klassen der Tantras beschrieben wird.

Die meisten von uns werden über Tara etwas wissen; wir haben sicher schon Darstellungen gesehen, vielleicht rezitieren wir auch die Mantras oder machen Meditationen in Verbindung mit Tara.

Tara, oder auf tibetisch *Drölma*, ist eine weit verbreitete, weit bekannte Gottheit, sowohl im Sutra-Fahrzeug als auch auf dem Weg der Tantras, und ist allgemein eine Verkörperung der Aktivitäten der Buddhas.

Der Name Tara kommt von der Sanskritsilbe *Tra*. Die Silbe *Tra* bedeutet beschützen, retten. Somit ist der Name Tara als «Befreierin» zu übersetzen, und der Name allein ist schon sehr bedeutungsvoll.

Das Mantra

So wie diese Silbe *Tra*, dieser Name Tara von seiner Bedeutung her als Befreierin zu übersetzen ist, bedeutet diese Silbe auch im Mantra der Tara «das, was befreit; das, was die Wesen von allen Leiden befreit». Das Mantra schließt mit *Svaha*, das heißt, «erstelle die Grundlage».

Und so ist das Mantra, das «*Om Tare Tuttare Ture Svaha*» wie folgt zu übersetzen:

Befreierin, sehr Befreierin und äußerste Befreierin, (bitte) erstelle die Grundlage.

Es ist gewissermaßen eine Intensivierung dieser Anrufung als Befreierin. Diese dreifache Anrufung als Befreierin entspricht auch dem *Lamrim*, den «Stufen auf dem Weg zur Erleuchtung». So kann man sagen, daß dieses Mantra den gesamten Lamrim enthält. Diese Befreiung ist zu verstehen in bezug auf die Leiden dieses Lebens und nachfolgender Existenzen, das heißt, die Leiden und die Ursachen des Daseins in den elenden Bereichen.

Tara wird als die allerwirkungsvollste Befreiung von den Gefahren in diesem Leben und den nachfolgenden Existenzen gesehen, als Befreierin von acht Gefahren, denen man begegnen kann: Gefahren von Wasser, Feuer, wilden Tieren wie Elefanten, Schlangen und Löwen, auch Gefahren wie Diebe oder die Gefahr, in Gefangenschaft zu geraten, und auch Bedrohung durch bösartige Wesen in der Form von Geistern. Tara ist bekannt als außerordentlich schnell, um vor diesen Gefahren zu beschützen.

Und nicht nur als schnelle Befreierin von diesen acht Arten von Gefahren ist Tara besonders bekannt, sondern auch als Befreierin von anderen Unannehmlichkeiten wie großer Armut, Krankheit und so weiter. Das heißt, durch Anrufung der Tara, durch Meditationen mit Tara und durch Rezitieren ihrer Mantras werden die negativen Eindrücke, die für diese Erfahrungen verantwortlich sind, bereinigt. So findet man Freiheit von solchen Leiden.

In dieser Weise befreit einen Tara von den Gefahren dieses Lebens und denen nachfolgender Existenzen. Das ist es, was in dem Mantra mit der ersten Befreierin gemeint ist.

Im zweiten Teil heißt es «sehr Befreierin» *(Tuttare)*: Das bezieht sich darauf, daß Tara einen auch von den allgemeinen Gefahren bedingten Daseins befreit, von den Ursachen, die für bedingtes Dasein verantwortlich sind, wie den acht inneren Gefahren, den acht spezifischen Verblendungen, die für die Existenz im bedingten Dasein verantwortlich sind.

Denn genauso wie es äußere acht Gefahren gibt, gibt es entsprechende innere acht Gefahren. Diese sind das «Feuer des Ärgers», das «Wasser der Begierde», der «Löwe des Stolzes», die «Schlange der Eifersucht», der «Elefant der Unwissenheit», die «Fesseln des Geizes», der «Dieb der falschen Ansichten» und die «Gespenster negativer Zweifel».

Das sind nicht nur irgendwelche kleine Verblendungen, sondern große, schwerwiegende, die verantwortlich sind für das ganze bedingte Dasein. Indem man Zuflucht bei Tara sucht, Rezitationen des Mantras ausführt, Meditationen und Sadhanas der Tara anwendet, hat man die Möglichkeit, diese großen Verblendungen zu überwinden und somit Freiheit von diesen zu gewinnen.

Diese acht Verblendungen sind in der Art und Weise, wie sie ihren Schaden anrichten, den entsprechenden äußeren Symbolen sehr ähnlich. Wenn man zum Beispiel seinen Finger ins Feuer hält, verbrennt man sich sofort. Es ist gleich äußerst unangenehm, es ist keinerlei angenehme Erfahrung mit dabei. Entsprechend führt das Auftreten von Haß und Ärger ebenfalls sofort zu heftigem Schmerz.

Das Auftreten von Begierde ist ähnlich, wie wenn man von einem großen Fluß weggeschwemmt wird. Fällt man in einen großen Fluß, wird man unweigerlich von ihm mitgerissen, ob man will oder nicht. Wenn starke Begierde auftritt, wird man ebenfalls unweigerlich weggerissen. In dieser Weise sind diese inneren Verblendungen und die entsprechenden äußeren Symbole in der Art des Anrichtens von Schaden sehr ähnlich.

Es ist nicht so schwer, von den acht äußeren Gefahren frei zu sein. Aber von den inneren acht Verblendungen frei zu sein ist wesentlich schwieriger. Deshalb wird Tara in bezug auf ihre Fähigkeit, einen von den inneren acht Eigenschaften zu befreien, als «sehr Befreierin» angesprochen. Denn das ist etwas Außerordentliches, das kein gewöhnlicher Mensch und kein weltlicher Gott so leicht tun kann.

Wenn wir mit der richtigen Einstellung und der richtigen Hingabe diesen Anwendungen der Tara folgen, hat dies eine sehr gute Wirkung, um mit der Zeit die Stärke der Verblendungen im eigenen Geist zu reduzieren.

Ture heißt «äußerste Befreierin». Das bezieht sich darauf, daß Tara die Wesen nicht nur von elender Existenz und von bedingtem Dasein befreit, sondern auch von den Fesseln der individuellen Befreiung, von den Fesseln des Nirvana, das heißt, von diesem Hängen an einem eigenen, individuellen Zustand der Freiheit. Die glücklichen Wesen führt Tara zu einer Freiheit von diesem Hängen, einer Freiheit von den Verblendungen, selbst den Spuren, die nach dem Entfernen der Verblendungen im Geist noch übrig sind. Auch davon befreit Tara. Das wird mit diesem dritten Punkt deutlich gemacht.

Von unserem Standpunkt aus gesehen ist der Zustand einer individuellen Befreiung zweifellos ein sehr hoher und sehr erstrebenswerter Zustand. Aber von den Bodhisattvas aus betrachtet ist er nach wie vor eine Fessel, etwas, das einen daran hindert, die Notwendigkeiten der Wesen wirklich in vollständiger Weise zu erfüllen, den Zustand der vollen Erleuchtung zu erreichen. Deshalb suchen die Bodhisattvas sich auch von dieser Fessel zu befreien. Das ist nur dadurch möglich, daß, nachdem die Verblendungen beseitigt worden sind, auch deren Spuren vollständig aus dem Geist entfernt werden.

Aus diesem Grund heißt es in dieser Ehrung der Tara, in den einundzwanzig Versen, daß selbst die Bodhisattvas, die alle Paramitas erlangt haben, sich völlig auf sie verlassen. Das heißt, daß nicht nur Anfänger wie wir sich an Tara wenden mit ihren kleinen Problemen, sondern auch Bodhisattvas auf den höchsten Stufen sich in ganz besonderer Weise an Tara halten, um diese subtilsten Hindernisse des Geistes noch überwinden zu können. Um großes Erbarmen zu erzeugen, um den Geist der Erleuchtung zu erzeugen, um eine Erkenntnis der letztlichen Wirklichkeit zu erlangen, um die Stufen der Erzeugung und der Vollendung durchführen zu können, für alles das ist die Hilfe der Tara außerordentlich wichtig.

Wenn wir die Lebensgeschichten der großen Meister der Vergangenheit lesen, der großen Meister Indiens und Tibets, wie *Atischa* und *Dsche Tsongkhapa*, sehen wir, daß es unter ihnen keinen gibt, der sich nicht gezielt an die Tara um Hilfe gewendet hat.

Tara wird angesprochen mit diesen Worten «Befreierin, sehr Befreierin, äußerste Befreierin» aufgrund der Eigenschaft, daß sie es uns möglich macht, uns hilft, den Weg der Kleinen Person zu erfüllen, den

Weg der Mittleren Person zu gehen und ebenfalls den Weg der Großen Person.

Das ist im allgemeinen die Bedeutung des Ausdrucks Tara, der Grund, weshalb Tara diesen Namen hat, als Befreierin bezeichnet wird. Das ist auch die Bedeutung des Mantras, wie es im Namensmantra selbst erklärt ist.

Aspekte der Gottheit Tara

So wie alle anderen Gottheiten oder Erscheinungen der Buddhas, existiert auch Tara auf verschiedenen Ebenen. Es gibt nicht nur eine Art der Tara, sondern man kann von «äußerer Tara», «innerer Tara», «geheimer Tara» und «letztlicher Tara» sprechen, so, wie man das in bezug auf alle Erscheinungen der Buddhas tun kann.

Äußere Tara

Wenn von der äußeren Tara gesprochen wird, bezieht sich das auf eine Gottheit in weiblicher Form. Sie hat vor vielen, vielen Zeitaltern den Geist der Erleuchtung entwickelt, war wie alle Bodhisattvas in sehr intensiver Weise bemüht, die Hindernisse und Fehler des Geistes zu überwinden, in einer ganz besonderen Art und Weise, und hat dann den Zustand der vollen Erleuchtung erlangt, in dieser Form als Gottheit, wie wir sie kennen.

So existiert Tara genauso wie alles, was auf konventioneller Ebene besteht, nur in Abhängigkeit von spezifischen Ursachen und Umständen. Auch Buddhas und Bodhisattvas existieren nicht einfach ohne Ursachen und Umstände, sondern ebenfalls als Resultat spezifischer Ursachen wie des Erbarmens und des Geistes der Erleuchtung.

Diese äußere Tara bezieht sich auf eine Prinzessin, die mit dem Namen *Dschnjanatschandra* in der Gegenwart eines Buddha mit dem Namen *Dundubhisvara* lebte. Dieser Name des Buddha bedeutet «Klang der Trommel». Vor diesem Buddha erzeugte sie die ganz besondere Entschlossenheit, alle Wesen vor Gefahren zu befreien und das Wohl der Wesen immer in einer weiblichen Form zu erfüllen.

Diese Prinzessin brachte diesem Buddha und der Sangha während langer Zeit Opfergaben dar, folgte vielen Anwendungen und speziellen Gebeten. Dann, eines Tages, sagten manche der Schüler dieses Buddha zur Prinzessin: «Aufgrund des außerordentlichen heilsamen Potentials, das du mit allen diesen Bemühungen angehäuft hast, kannst du sicher darum beten, in einer männlichen Form Geburt zu nehmen und dann so Erleuchtung zu erlangen.» Die Prinzessin antwortete darauf: «Es gibt keine Männer, es gibt keine Frauen, es gibt kein Selbst, es gibt keine Wesen.

Weiblich oder männlich zu betrachten ist dumm ...»
In dieser Weise antwortete sie und erzeugte dadurch
die ganz besondere Entschlossenheit, immer in der
Form als Frau für das Wohl der Wesen zu wirken.

Es wäre falsch zu denken, daß zu diesem Zeitpunkt die Frauenbewegungen begonnen haben.
Vielmehr bezieht sich Tara hier auf die letztliche
Art des Bestehens und macht deutlich, daß alle
diese Unterscheidungen, die wir machen, männlich
oder weiblich usw., weiter nichts als Projektionen
unserer Unwissenheit sind und keine eigentliche
Realität haben.

Als Folge wandte Tara während langer Zeit gezielte Meditationen an und erlangte eine Versenkung,
die «Wesen befreiendes Samadhi» genannt wird.
Sie war in der Lage, mit Hilfe dieser Fähigkeit viele
Wesen in den Zustand der Aryas zu führen. Hun-
derttausende von Wesen konnte sie dadurch zu diesem Zustand bringen. Oft verweigerte sie das Essen,
bis sie eine gewisse Zahl von Wesen an einem Tag
zum Zustand eines Arya gebracht hatte. So gab ihr
Buddha Dundubhisvara den Namen *Tara*, den Namen «Befreierin».

Zu einer andern Zeit, in der Gegenwart des
Buddha Amoghasiddhi, entwickelte Tara ein weiteres
spezielles Samadhi, das «Samadhi des Überwindens
aller Maras», aller negativen Kräfte, und bezwang
dann mit diesem alle inneren und äußeren negativen

Einflüsse. Gleichzeitig führte sie damit wiederum unzählige Wesen zur Befreiung. Tara wurde daraufhin als diejenige, die alle Kräfte der Maras bezwingt, bezeichnet.

Eine andere Begebenheit war die folgende, in der Avalokiteschvara in der Form eines Bhikschu lebte, eines Bodhisattva mit dem Namen *Vimalaprabha*. Dieser erhielt auch Ermächtigungen und Einweihungen von allen Buddhas. Gemäß dem Text nahm er zuerst eine Einweihung des Großen Erbarmens, die die Lichtstrahlen des Großen Erbarmens in den Bodhisattva eindringen ließ, dann eine Ermächtigung der Großen Weisheit, die die Lichtstrahlen der Großen Weisheit in ihn eindringen ließ. Als Resultat entstanden Avalokiteschvara und Tara. Das heißt, der Bhikschu war Avalokiteschvara, und aus seinem Herzen entsprang Tara als seine Gefährtin, und sie versprach, ihm bei allen seinen Bemühungen beizustehen.

Es gibt viele solcher Begebenheiten, die die spezielle Entschlossenheit der Erzeugung des Geistes der Erleuchtung der Tara beschreiben, bei denen zum Beispiel Tara aus den Tränen des Avalokiteschvara entspringt, mit dem Versprechen, ihn bei seinen Bemühungen zu unterstützen.

Das Wissen über diese Anwendungen der Tara hat in unserer Zeit Avalokiteschvara im Reich Potala unterrichtet, und zwar schon zu einer sehr frühen Zeit, im sogenannten Krita Yuga. Jetzt befinden wir uns im Zeitalter der Degeneration, dem Khalaha Yuga oder dem Kali Yuga. Das Krita Yuga ist das beste aus den vier Zeitaltern. Bereits zu diesem Zeitpunkt hat Avalokiteschvara das Tantra der Tara unterrichtet. Es war ein Tantra mit zehn Millionen Versen.

Im zweiten Zeitalter, im Treta Yuga, wurde dieses Tantra reduziert auf sechshunderttausend Verse. Im dritten Zeitalter, im Dvapara Yuga, wurde es auf zwölftausend Verse reduziert. Im Khalaha Yuga, in unserer Zeit, ist es das Tantra, wie Buddha Schakyamuni es unterrichtet hat, das kurze Tara-Tantra, das nur noch tausend Verse hat. Buddha hat nach dem Erreichen der Erleuchtung dieses Tara-Tantra mit tausend Versen in der Form des *Buddha Akschobhya* unterrichtet.

Das Tara-Tantra ist nach wie vor ein sehr bedeutendes und ein sehr großes Tantra. Es ist auch die Quelle der «einundzwanzig Ehrungen der Tara». Diese stammen direkt aus diesem Tara-Tantra.

Das ist Tara auf der äußeren Ebene, als ein Bodhisattva, der den Geist der Erleuchtung entwickelt hat und dann entsprechenden Anwendungen gefolgt ist.

Innere Tara

Unter innerer Tara versteht man nichts anderes als die eigentlichen Aktivitäten der Buddhas. Das ist auch der Grund, weshalb Tara immer Avalokiteschvara begleitet, gewissermaßen als Gefährtin. Denn Tara ist die Verkörperung der Aktivitäten der Buddhas und Avalokiteschvara die Verkörperung des Erbarmens der Buddhas. Erbarmen ohne Aktivitäten oder Aktivitäten ohne Erbarmen funktionieren nicht. Deshalb sind Erbarmen und Aktivitäten immer miteinander verbunden, und deshalb sind Tara und Avalokiteschvara Erscheinungen, die sich immer begleiten.

Man spricht von siebenundzwanzig spezifischen Aktivitäten der Buddhas, die von der Natur der Tara sind. Tara ist die eigentliche Aktivität der Buddhas, die den Wesen den Weg zur Befreiung zeigt, sie auf diesen Weg bringt und sie vom bedingten Dasein befreit. Das ist eigentlich unter Tara zu verstehen.

Diese Aktivitäten sind von vierfacher Art: Es sind entweder «beruhigende» oder «erweiternde» oder «anziehende» oder «überwindende» Aktivitäten. Entsprechend gibt es auch verschiedene Erscheinungen der Tara. Es gibt solche, die in einer friedlichen, beruhigenden Art auftreten, solche, die in einer fördernden, den Wohlstand, das Wohlergehen vermehrenden Art erscheinen, solche, die in einer anziehenden Art erscheinen, und solche, die sich in einer drohenden und überwindenden Art zeigen.

Das erklärt auch die verschiedenen Farben des Körpers der Tara. So gibt es eine weiße Tara, gelbe Tara, rote oder dunkelrote Tara, schwarze Tara und grüne Tara. Das sind alles Farben, die den spezifischen Aktivitäten der Buddhas entsprechen.

Die verschiedenen Manifestationen der Tara können demnach unterschiedliche Farben haben. Auch in den einundzwanzig Ehrungen haben entweder alle Taras grüne Körperfarbe, oder sie haben unterschiedliche Farben. Sie können weiß, gelb, rot oder schwarz usw. sein. Das werden wir noch genauer sehen, wenn wir die einundzwanzig Verse der Ehrung der Tara besprechen.

Geheime Tara

Die geheime Tara bezieht sich auf nichts anderes als auf das Wind-Element des erleuchteten Wesens.

Es gibt fünf Elemente, Erde, Wasser, Feuer, Wind und Raum. Aus diesen fünf Elementen entspricht das Element des Windes der Tara.

Jeder von uns hat einen groben Körper. Die Funktion unseres Bewußtseins auf einer subtilen Ebene ist abhängig von diesen fünf subtilen Elementen. Wenn die Elemente beim Erreichen der vollen Erleuchtung frei von allen Fehlern sind, entspricht Tara dem Wind-Element im Zustand der vollen Erleuchtung.

Das Wind-Element hat die Eigenschaft der Bewegung und ist dadurch mit den Aktivitäten der Buddhas verbunden. Was gewissermaßen alle

106

Buddhas bewegt, sie aktiv macht für das Wohl aller Wesen, wird als Tara bezeichnet.

Das ist auch der Grund, weshalb die Hauptfarbe der Tara Grün ist. Denn das Wind-Element wird mit der Farbe Grün in Verbindung gebracht, und das entspricht dann auch dieser Eigenschaft der Tara.

In bezug auf die Aktivitäten wird zwischen beruhigenden, erweiternden, anziehenden und bezwingenden Aktivitäten unterschieden. Als fünftes wird auch von der Gesamtheit der Aktivitäten, von unparteiischer Aktivität gesprochen. Diese Art von Aktivität wird ebenfalls mit der Farbe Grün in Verbindung gebracht. Somit ist auch von daher die Hauptfarbe der Tara das Grün.

Als Verkörperung aller Aktivitäten der Buddhas gehört Tara zur Familie des Amoghasiddhi. Aber da Tara direkt mit dem Großen Erbarmen aller Buddhas in Verbindung steht, gehört sie auch zur Lotusfamilie und wird oft mit Amitabha über ihrem Haupt dargestellt und ist die Gefährtin Avalokiteschvaras.

So steht Tara auf der geheimen Ebene für das subtile Element des Windes im Zustand der vollen Erleuchtung.

Wir alle besitzen ebenfalls dieses Potential, denn wir alle haben das Element des Windes, der subtilen Energien in uns. Dieses Element wird eines Tages, beim Erreichen der vollen Erleuchtung, den Zustand der Tara erreichen.

Auf der letztlichen Ebene ist Tara nichts anderes als *Pradschnaparamita*, die Weisheit, die ständig punktförmig auf die letztliche Wirklichkeit versenkt ist. Es ist diese Weisheit, aus der alle Buddhas entstehen. In Bezug darauf wird Tara als die «Mutter aller Buddhas» bezeichnet.

Tara ist nicht zu sehen als die Mutter, die in physischer, körperlicher Weise den verschiedenen Buddhas Geburt gibt, sondern vielmehr als die Weisheit der Vereinigung von Glück und Leerheit, die Weisheit, die ständig punktförmig auf das Erkennen der letztlichen Wirklichkeit gerichtet ist. Diese Weisheit des Klaren Lichtes ist der Ursprung aller Buddhas. Und dem entspricht Tara.

Das war eine kurze Beschreibung der Tara auf äußerer Ebene, innerer Ebene, geheimer Ebene und letztlicher Ebene.

Wenn wir jetzt Meditationen und Rezitationen der Tara ausführen und sie visualisieren, dann sollte uns bewußt sein, daß Tara alles das ist, alle diese Eigenschaften und Attribute besitzt. Die richtige Auffassung gegenüber allen Gottheiten ist, sie als eine Verkörperung der Drei Juwelen zu betrachten und sie als eine Erscheinung des Dharmakaya zu erkennen.

Im besonderen die Gottheit Arya-Tara hat viele Aspekte: äußere, innere, geheime und letztliche Aspekte.

Auch diese zu verstehen und darüber nachzudenken, ist sehr wichtig für eine Person, die Meditationen in Verbindung mit dieser Gottheit ausführt.

Tara ist speziell die Weisheit, die «jenseits gegangen» ist, die Weisheit, die ständig auf die letztliche Wirklichkeit gerichtet ist und aus diesem Zustand nicht wieder heraustritt. Das ist die Natur der Tara, und das ist die Weisheit, aus der auch alle Buddhas entstehen. Das ist einer der ganz besonders wichtigen Aspekte der Buddhas. Alle Erscheinungen des erleuchteten Geistes, die in weiblicher Form auftreten, sind in Wirklichkeit nichts anderes als verschiedene Arten und Klassifikationen der Tara und sind alle eine Erscheinung dieser letztlichen Weisheit der Buddhas.

Auf der Grundlage wird unterschieden zwischen den zwei Wahrheiten, zwischen konventioneller Wahrheit und letztlicher Wahrheit. Auf dem Weg wird unterschieden zwischen Methode und Weisheit. Im Zustand der vollen Erleuchtung wird von der Verbindung von Methode und Weisheit oder von Illusionskörper und Klarem Licht gesprochen.

Alle Erscheinungen der Buddhas in männlicher oder weiblicher Form zeigen die Vereinigung von Methode und Weisheit. Das sind nicht zwei verschiedene Dinge, sondern sie sind von einer Natur.

Die vielen verschiedenen weiblichen Erscheinungen der Buddhas, die man in den Mandalas findet, wie *Mamaki* und *Pandaravasini*, *Vadschra Yogini* und *Marizi*, *Pranaschavari* und *Mayuri*, haben ihre Quelle in der Tara, sind nichts anderes als Erweiterungen, weitere Erscheinungen der Tara.

Tara selbst erscheint ebenfalls in vielen unterschiedlichen Formen, nicht nur in einer. Wie wir in den Ehrungen der einundzwanzig Taras sehen, treten dort viele verschiedene Erscheinungen auf.

Erklärungen
der einundzwanzig Verse

Für die Anwendung von Meditationen mit einer Gottheit ist es unbedingt notwendig, eine starke Einstellung der Zuflucht mit tiefem Vertrauen und tiefer Hingabe zu der entsprechenden Erscheinung der Buddhas zu haben. Damit das möglich wird, ist es wichtig, diese Sadhanas mit der richtigen Auffassung auszuführen. Unter dieser Voraussetzung wird man damit zweifellos einen starken Segen und starke Wirkungen erreichen können.

Obwohl im allgemeinen alle Erscheinungen der Buddhas in ihren Fähigkeiten und in ihrer Natur gleich sind, sind Meditationen und Gebete in Verbindung mit Tara besonders schnell in ihrer Wirkung, weil Tara die Verkörperung der Aktivitäten der Buddhas und der subtilen Energien im Zustand der vollen Erleuchtung ist.

Für jemanden, der bemüht ist, Großes Erbarmen und den Geist der Erleuchtung zu erzeugen, der sich anstrengt, eine Erkenntnis der letztlichen Wirklichkeit zu finden, sind Meditationen mit Tara und Bitten an Tara ganz besonders wirkungsvoll, um die wertvollen Zustände des Geistes schnell erreichen zu können und Hindernisse, die dem im Wege stehen, loszuwerden.

Da Tara als Mutter aller Buddhas betrachtet wird, ist auch die Hilfe, die einen Hilfesuchenden erreicht, ganz besonders wirkungsvoll und schnell, nicht nur für sehr fortgeschrittene Anwender des Dharma, sondern auch für ganz gewöhnliche Personen. Wenn sie Unterstützung suchen, Tara um Hilfe bitten, erfahren sie diese schnell und effektiv.

Es gibt viele Geschichten, in denen ganz gewöhnliche Menschen in schwierigen Situationen im Leben Zuflucht bei Tara suchten; nicht nur außergewöhnliche Meister, sondern ganz einfache Leute, selbst Diebe oder Gefangene, baten aus tiefem Vertrauen Tara um ihre Hilfe und konnten auch schnell die ersehnten Wirkungen erfahren.

In vielen Situationen ist es üblich, Gebete zu Tara und Tara-Pudschas zu machen, bei Krankheiten und ähnlichen Schwierigkeiten, weil die Hilfe der Tara so schnell und wirkungsvoll ist.

Speziell für Personen, die gezielt den Unterweisungen des Meisters Atischa und des Meisters Dsche Tsongkhapa folgen, besteht eine besondere Verbindung zu Tara. Denn Meister Atischas Studien des Dharma, seine Bemühungen in der Anwendung des Dharma und selbst seine Reise nach Tibet, sein Aufenthalt in Tibet und seine Unterweisungen standen immer unter Taras Schutz. Meister Atischa hatte direkten Kontakt zu Tara und konnte mit ihr sprechen. Es war Tara, die

114

den Meister dazu anhielt, alle diese Aktivitäten auszuführen.

So hat Tara dem Meister Atischa auch versprochen, daß sie sich besonders um alle kümmern wird, die seinen Unterweisungen folgen werden. Zweifellos ist die Aufmerksamkeit der Tara auf alle Wesen gerichtet, aber dennoch hat sie Atischa das Versprechen gegeben, allen jenen, die seine Lehren anwenden werden, zu helfen.

Die Unterweisungen des Meisters Atischa sind als die Kadampa-Tradition bekannt, die bis heute über den Meister Dsche Tsongkhapa weitergeht. Viele Meister in dieser Tradition hatten eine spezielle Verbindung und direkten Kontakt mit Tara und erhielten besondere Unterweisungen und Übertragungen von ihr. Aber nicht nur in dieser Überlieferung, sondern in allen Traditionen ist Tara eine der hervorragendsten Erscheinungen der Buddhas, auf die sich alle großen Meister verlassen.

Überlieferung

Die Art und Weise, wie die einundzwanzig Taras visualisiert werden, ist entsprechend unterschiedlichen Überlieferungen verschieden. Es gibt eine Tradition, die auf den indischen Meister *Upagupta* zurückgeht, einen außergewöhnlichen, großen indischen Meister.

In dieser werden die einundzwanzig Taras nicht nur in verschiedenen Körperfarben, sondern auch in unterschiedlichen Stellungen und verschiedenen Formen visualisiert, manche mit zwei Armen, andere mit vielen Armen, manche in friedlicher, manche in drohender Erscheinung.

Zwei weitere Traditionen, die zu den bedeutendsten gehören, gehen von Meister Atischa aus. In einer davon werden alle einundzwanzig Taras in grüner Farbe visualisiert und nehmen die gleiche Körperstellung ein. Zwanzig haben eine friedliche Erscheinung und eine ist drohend.

In der anderen Überlieferung, die wir hier beschreiben werden, haben die einundzwanzig Taras unterschiedliche Farben, die Körperhaltung ist die gleiche. Sechzehn zeigen einen friedlichen und fünf einen drohenden Ausdruck.

In unserer Tradition gibt es diesen ganz besonderen Meister *Tagphu*, einen der bedeutendsten Meister, der sehr enge Verbindung zu Tara hatte. In allen seinen Inkarnationen hatte er direkten Kontakt mit ihr. Es gibt viele besondere Formen der Tara, und zwei der ganz besonders hervorragenden sind die *Weiße Tara* und die *Tschintamani-Tara*. Die Tschintamani-Tara geht auf diesen Meister Tagphu zurück, der spezielle Visionen von Tara hatte, aus denen spezifische Anwendungen und Initiationen entstanden sind. So gibt es gewöhnliche und außergewöhnliche Initiationen der Tschintamani-Tara und Anwendungen, die auch heutzutage häufig ausgeführt werden.

Tschintamani-Tara bedeutet die «wunscherfüllende Tara». Die Weiße Tara wird *Tschintatschakra-Tara* genannt, das heißt «Tara des wunscherfüllenden Rades». Diese besonderen Anwendungen der Tara sind über die großen Meister unserer Tradition wie *Pabongka Rinpotsche* und *Tridschang Dordsche Tschang* weitergeführt und weitergegeben worden. Diese Meister haben auch entsprechende Gebete und Rituale in Verbindung mit diesen Erscheinungen der Tara verfaßt. So ist dies eine Anwendung, die auch heute noch sehr lebendig ist und häufig ausgeführt wird, und die den besonderen Segen dieser außergewöhnlichen Meister trägt. Auch die Anwendung der «einundzwanzig Taras» in den Übertragungen der großen Meister und die Ausführung der Gebete und Rituale sind nach wie vor weit verbreitet.

Die zentrale Figur ist die Erscheinung der Grünen Tara, die die Stiele von zwei Utpala-Blumen in den Händen hält. Der Name dieser Erscheinung ist *Khadirvani-Tara*, tibetisch *Sengdeng Nag Drölma*, das heißt, die «Tara, die im Wald der Akazienbäume lebt». Dieser Name bezieht sich auf einen bestimmten Akazienbaum, dessen Holz für den Bau von sehr guten Musikinstrumenten besonders geeignet ist.

Mit diesem Wald ist das Reich Potala, das Reich des Avalokiteschvara gemeint. Ein Berg, an dessen Fuß sich ein Akazienwald befindet, ist einer der Orte, wo Tara verweilt. In den Sadhanas wird Tara häufig von dort eingeladen.

Die zentrale Erscheinung, die Hauptfigur, ist also Khadirvani-Tara oder Sengdeng Nag Drölma. Diese ist von weiteren einundzwanzig Taras umgeben.

Kommentar

Nun beginnen wir mit dem eigentlichen Text der einundzwanzig Ehrungen der Tara. Er besteht aus Ehrungen der verschiedenen Aspekte der Tara zusammen mit dem friedlichen und drohenden Wurzel-Mantra der Tara.

Das friedliche Mantra der Tara ist:

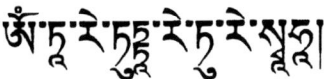

Om Tare Tuttare Ture Svaha

Das drohende Mantra der Tara ist:

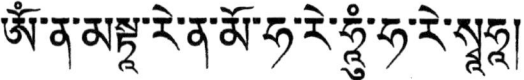

Om Namastare Namo Hare Hung Hare Svaha

Die Erklärungen der Mantras und der Ehrungen gehen auf Buddha selbst zurück und stammen aus dem Tara-Tantra, im besonderen aus dem Teil, der als «Die Ehrung der Tara, der Mutter aller Tathagatas» bezeichnet wird. Dieses Tantra hat fünfunddreißig Kapitel. Die Erklärungen der Ehrungen findet man im dritten Kapitel dieses Tantras.

Dieses Tantra wird als *Kriya-Tantra* klassifiziert. Aber es gibt auch Kommentare, die es in der Art des *Anuttarayoga-Tantra* erklären.

In diesem Tantra spricht Buddha zum jugendlichen Mandschuschri und sagt: «Mandschuschri, diese Mutter ist die Mutter aller Buddhas der drei Zeiten. Deshalb, Mandschuschri, diese Ehrung der Mutter, die von allen Buddhas geehrt wird, die ich dir nun weitergeben werde und die du in deinem Geist behalten wirst ...» Nach dieser Einleitung rezitiert Buddha die einundzwanzig Ehrungen der Tara beginnend mit:

Om dsche tsün ma phag ma dröl ma la tschag tsäl lo

Om, Ehrerbietung der Ehrwürdigen Arya-Tara

Die Silbe *Om* ist ein Ausdruck der Zuflucht, des Darbringens und des Bereinigens aller Unreinheiten.

Om hat auch eine weitere tiefe Bedeutung. Sie besteht aus drei Silben: das sind *A*, *U* und *M*. Zusammen ergibt das *Om*. Die drei Teile der Silbe symbolisieren Körper, Rede und Geist der eigenen Person ebenso wie Körper, Rede und Geist der Gottheit und drükken damit den Wunsch aus, daß Körper, Rede und Geist der eigenen Person zu einer Natur werden mögen mit denen der Gottheit.

In Sanskrit verhält es sich so wie auf französisch: A und U zusammen spricht man O, mit dem M ergibt sich daraus *Om*.

Das ist eine sehr glückverheißende Anfangssilbe für ein solches Mantra. Gleichzeitig hat es auch die Bedeutung der Zuflucht, des Darbringens und des Bereinigens aller negativen Eindrücke.

Darauf folgt dann «Ehrerbietung der Ehrwürdigen Arya-Tara», wie es oft übersetzt wird. In Wirklichkeit haben diese Worte im Tibetischen jedoch eine weitere Bedeutung. *Dsche tsün* ist der Ausdruck, der verwendet wird: *Dsche* bedeutet «Herr» oder «Beschützer»; *Tsün* bezieht sich auf eine «ethisch außerordentlich reine und korrekte Person», auf jemanden, der sich in ethischer Hinsicht sehr korrekt, sehr richtig verhält.

Wenn man auf tibetisch von einer Person sagt, sie sei *Tsünba*, meint man damit, daß sich jemand sehr diszipliniert und ethisch korrekt verhält.

Hier wird nun Tara in dieser Weise als *Dsche* angesprochen, als höchste Beschützerin, weil sie als Mutter aller Buddhas der drei Zeiten betrachtet wird.

Tsün bezieht sich darauf, daß Tara die drei Arten von Gelübden besitzt, die Gelübde des Pratimokscha, der Bodhisattvas und der Tantras, und sich in ihrem Verhalten gänzlich im Bereich dieser Gelübde bewegt. Aus diesem Grund wird sie als *Tsün*, aufrichtig, ehrwürdig bezeichnet.

Dann heißt es weiter «Arya-Tara». *Arya* bedeutet «hohes Wesen». Tara hat sowohl bedingtes Dasein als auch individuelle Freiheit vollständig überwunden und steht somit gänzlich über diesen. Deshalb wird sie als *Arya-Tara* oder «hohe Tara» angesprochen.

Das nächste Wort in der Ehrung ist *Drölma*, das heißt «Befreierin». *Dröl* heißt «befreien», und *Ma* heißt «Mutter». Tara wird hier Befreierin genannt, weil sie alle Wesen aus dem Ozean der Leiden befreit, weil sie für die Befreiung aller Wesen im bedingten Dasein in gänzlich unparteiischer Weise handelt.

Der letzte Teil der Ehrung, *La tschag tsäl lo*, heißt «bringe ich meine Ehrerbietung dar». Das bedeutet, daß man sich vollständig beugt, mit Körper, Rede und Geist, seinen ganzen Stolz, seine ganze Überheblichkeit aufgibt. Man verneigt sich mit Körper, Rede und Geist vollständig und begibt sich unter den Schutz der Tara.

Diese erste Zeile ist eine zusammenfassende Ehrung Taras. Der erste Vers, der nun folgt, ist ein Lobpreis des geschichtlichen Ursprungs der Tara. Danach folgen

Ehrungen der Aspekte und Aktivitäten: Die Verse 2 bis 7 preisen den Sambhogakaya in seinem friedlichen Aspekt, die Verse 8 bis 14 den drohenden Aspekt des Sambhogakaya, und Vers 15 ehrt den Dharmakaya. Besondere Ehrungen der Aktivitäten stellen die Verse 16 bis 21 dar.

1

Tschag tsäl dröl ma nyur ma pa mo
Tschän ni kä tschig log dang dra ma
Dschig ten sum gön tschu kye zhäl gyi
Ge sar dsche wa lä ni dschung ma

Ehrerbietung ihr, der Befreierin, schnell, heroisch,
mit Augen augenblicklich wie der Blitz;
aus Milliarden Stempeln des Lotusgesichts
des Herrn der drei Welten Entsprungene.

Wenn es hier heißt, daß Tara die *aus Milliarden Stempeln des Lotusgesichts des Herrn der drei Welten Entsprungene* ist, bezieht sich das auf jene Geschichte, als Avalokiteschvara ein Gelübde genommen hatte, alle Wesen aus dem bedingten Dasein zu befreien. Nach einer sehr, sehr langen Zeit betrachtete er dann den Zustand der Wesen und fand, daß sich eigentlich nicht viel geändert hatte, daß die Verblendungen der Wesen nach wie vor die gleichen waren. Das bewegte ihn derart, daß ihm zwei Tränen aus den Augen flossen. Aus diesen zwei Tränen entsprangen *Tara* und *Brikuti*, zwei Gottheiten von gleicher Natur, die Avalokiteschvara baten, keine Tränen aus Entmutigung zu vergießen, und versprachen, ihm bei seinen Bemühungen immer beizustehen.

Sie ist die wirkliche Befreierin, und ist sehr schnell und heldenhaft. Jemand, der die Verantwortung für das Wohl aller Wesen auf sich nimmt, wird hier als heldenhaft bezeichnet.

Mit Augen augenblicklich wie der Blitz bedeutet, daß der Blick der Tara auf alle Wesen des bedingten Daseins gerichtet ist; und es ist nicht ein langsamer Blick, sondern ein Blick, der in einem Augenblick alle Wesen des Daseinskreislauf betrachtet.

In der einen Tradition des Meisters Atischa visualisiert man alle einundzwanzig Taras in der gleichen Körperhaltung, alle mit dem Stiel einer Utpala-Blume in der linken Hand und einer Vase in der rechten Hand, die von der gleichen Farbe wie der Körper ist.

Die erste Tara, die hier angesprochen wird, ist die «ganz heroische Tara». Sie erscheint in roter Körperfarbe und hat einen halb drohenden und halb verlangenden Ausdruck, eine Verbindung von beiden. Sie ist von strahlend roter Körperfarbe und trägt eine Vase in der rechten Hand, die ebenfalls rot ist, eine «Vase, die die Wirkung hat, Wesen anzuziehen».

2

Tschag tsäl tön kä da wa kün tu
Gang wa gya ni tseg pä zhäl ma
Kar ma tong trag tsog pa nam kyi
Rap tu tsche wä ö rap bar ma

Ehrerbietung ihr, deren Antlitz wie Vollmonde
im Herbst, hundert auf einmal;
das Licht einer Ansammlung
Tausender Sterne äußerst hell Ausstrahlende.

Dieser Vers ist eine Ehrung des friedlichen Sambhogakaya-Aspektes der Tara.

Als Analogie für die Erscheinung des Gesichtes der Tara wird hier ein Vollmond im Herbst angeführt. Der Herbstvollmond ist besonders klar und strahlend. Taras Gesicht wird als ein strahlendes Gesicht beschrieben, das wie Hunderte solcher Monde leuchtet. Von diesem Gesicht geht ein strahlendes Licht wie von einer Anhäufung Tausender Sterne aus.

Auch das bezieht sich wieder auf eine ganz bestimmte Erscheinung der Tara, und zwar auf eine weiße Tara, eine friedliche Form, die als «weiße, strahlende Tara» bezeichnet wird und eine weiße Vase in ihrer Hand hält. Die Vase wird als die «Vase, die alle Krankheiten und negativen Einflüsse vollständig beschwichtigt» bezeichnet.

In Verbindung mit jeder dieser Taras gibt es bestimmte Anwendungen, die man ausführen kann, um zum Beispiel Krankheiten und so weiter zu heilen.

3

Tschag tsäl ser ngo tschu nä kye kyi
Pä mä tschag ni nam par gyän ma
Dschin pa tsön drü ka thub zhi wa
Zö pa sam tän tschö yül nyi ma

Ehrerbietung ihr, der Gelb-Blauen, deren Hände
geschmückt mit Lotusblumen, wassergeborenen;
Geben, Enthusiasmus, Askese, Friede,
Geduld und Konzentration sind ihre Domäne.

Diese Ehrungen nehmen Bezug auf die Körperfarbe der Tara und die Handzeichen, die sie hält, und im besonderen werden die Ursachen der Tara angeführt.

Ehrerbietung ihr, der Gelb-Blauen, deren Hände geschmückt mit Lotusblumen, wassergeborenen; ihre Farbe ist Gelb-Blau. Darunter kann man Grün verstehen, oder auch eine goldene Körperfarbe mit einem bläulichen Glanz und gelblicher Ausstrahlung.

Hier wird auch wieder eine spezifische Tara angesprochen. Sie wird als «goldfarbene Tara» bezeichnet (tib. *Ser Dog Tschenki Drölma*). Es ist eine Tara, die mit gelblicher Körperfarbe visualisiert wird. Sie hält eine gelbe «Vase, deren Wirkung das Erweitern des Lebens ist».

Auf der Höhe des Herzens hält sie in der linken Hand den Stiel einer Wasserblume, der Utpala-Blume. Die Utpala-Blume ist eine Wasserlilie, deren Blüte direkt auf der Oberfläche des Wassers zum Blühen kommt und nicht wie die Blüte der Lotusblume über dem Wasser blüht. Diese blaue Utpala-Blume ist ein Symbol des Erbarmens.

Tara hält den Stiel dieser Blume in der Hand; die Blüte befindet sich auf der Höhe des linken Ohres. Das symbolisiert die Buddhas der drei Zeiten oder auch, daß Tara die zehn Paramitas vollständig erlangt hat.

Dann werden die Ursachen der Tara aufgeführt. Sie wird hier angesprochen als diejenige, deren eigentliche Erfahrungs-Objekte *Großzügigkeit, Enthusiasmus, Askese* (Ethik)*, Friede, Geduld und Konzentration* sind.

So werden hier die Paramitas Geben, Enthusiasmus und Ethik aufgeführt, dann weiter Ruhe, Geduld und Konzentration. Tara wird als mit diesen Paramitas ausgestattet beschrieben. Ruhe oder Friede hat hier die spezielle Bedeutung des Beruhigens der Verblendungen Geiz, Faulheit, degenerierte Ethik, Ärger, Ablenkungen und falsche Anschauungen, also genau des Gegenteils der Sechs Paramitas. Das sind die Objekte der Tara, das heißt, sie sind das, woran Tara sich erfreut, das, was sie besitzt, gleichzeitig aber auch die eigentlichen Ursachen, die Tara erzeugt haben.

4

Tschag tsäl de zhin scheg pä tsug tor
Tha yä nam par gyäl war tschö ma
Ma lü pha röl tschin pa thob pä
Gyäl wä sä kyi schin tu ten ma

Ehrerbietung ihr, Uschnischa der Tathagatas,
endlos sich vollkommener Siege Erfreuende;
auf die sich die Söhne der Siegreichen, die Paramitas
ausnahmslos erlangt, völlig verlassen.

Dieser Vers nimmt Bezug auf die Aktivitäten der Tara, im besonderen, wie sich Buddhas und Bodhisattvas auf sie verlassen.

Tara wird als die Kopfkrone *(Uschnischa)* aller Buddhas angesprochen. Sie wird also als die Krönung der Buddhas bezeichnet und weiter als die, *endlos sich vollkommener Siege Erfreuende.*

Tara wird respektiert als die Mutter aller Tathagatas, aller Buddhas, als das Uschnischa, die Kopfkrone der Buddhas.

Danach wird zum Ausdruck gebracht, daß sie in siegreicher Weise regiert, indem alle Leiden überwunden und alle Hindernisse beseitigt werden, die Hindernisse des Karma, der Verblendungen des Geistes ebenso wie der negativen Eindrücke, und ebenso auch die Hindernisse für das Erreichen der vollen Erleuchtung. Indem alle diese unendlichen Hindernisse vollständig überwunden und beseitigt werden, siegt sie.

Das folgende beschreibt, wie Buddhas und Bodhisattvas sich Tara anvertrauen:

Sie ist diejenige, *auf die sich die Söhne der Siegreichen, die Paramitas ausnahmslos erlangt, völlig verlassen.*

Auch Arya-Bodhisattvas, die alle zehn Paramitas vollständig erlangt haben, haben eine tiefe Wertschätzung für Tara und verlassen sich ganz auf sie.

Diese spezifische Form der Tara wird «Uschnischa siegreiche Tara» genannt. Sie hat gelbe Körperfarbe, eine friedliche Erscheinung und hält eine «lebenserweiternde Vase».

5

Tschag tsäl Tuttara Hung yi ge
Dö dang tschog dang nam kha gang ma
Dschig ten dün po zhap kyi nän te
Lü pa me par gug par nü ma

Ehrerbietung ihr, mit den Silben *Tuttara Hung*
die Begierde, die Richtungen und den Raum
  Erfüllende;
mit dem Fuß unterwirft sie die sieben Welten,
fähig, ausnahmslos alle zu sich hinzuziehen.

Begierde bezieht sich auf den Bereich der Begierde,
Richtungen auf den Bereich der Form, und *Raum* be-
zieht sich auf den formlosen Bereich. Alle diese drei
Bereiche sind von der Kraft der Silben des Mantra
Tuttara Hung gänzlich überwältigt.

Die Silben *Tuttara* beziehen sich auf die Rede der
Tara, und die Silbe *Hung* auf die Silbe, die Tara im
Herzen trägt, die die Verbindung von Erbarmen und
Weisheit symbolisiert. Das heißt, mit ihrer Rede und
mit dem Erbarmen in Verbindung mit der Erkennt-
nis der Leerheit füllt Tara alle drei Reiche.

Die *sieben Welten* sind die drei elenden Bereiche, der Bereich der Menschen und der Bereich der
Devas, die alle zum Bereich der Begierde gehören,
dazu noch der Bereich der Form und der formlose
Bereich. Es wird oft von den sechs Daseinsbereichen oder von den fünf Kontinua gesprochen. Bei
den fünf Kontinua sind die Asuras im Bereich der
Devas mitgezählt, und das ist auch hier der Fall.
Alle sieben Bereiche werden von den Füßen der
Tara gedrückt, von ihren Füßen des Erbarmens und
der Weisheit erreicht, und sie ist damit in der Lage,

alle Wesen herbeizurufen, anzulocken, zusammenzuführen und zu einem Zustand des Glücks zu bringen.

Diese Tara hat den speziellen Namen die «*Hung*klingende Tara», das heißt, die Tara, die den Klang der Silbe *Hung* von sich gibt. Sie hat rote Körperfarbe, einen verlangenden Ausdruck und hält eine Vase, die «Geist anziehende Vase» genannt wird.

6

Tschag tsäl gya dschin me lha tsang pa
Lung lha na tsog wang tschug tschö ma
Dschung po ro lang dri za nam dang
Nö dschin tsog kyi dün nä tö ma

Ehrerbietung ihr, der Indra, Agni, Brahma,
Vayu und Ischvara Opfergaben bringen;
von Bhutas, Vetalas, Gandharvas
und der Menge der Yakschas von Angesicht
   Gepriesene.

Hier wird Tara gepriesen als die, die von den grossen Gottheiten der Welt geehrt wird; als diejenige, die von *Indra* (Herr des Reichs der Dreiunddreißig Götter), *Agni* (dem Feuergott), *Brahma* (dem Herrn des Bereichs der Form) und *Vayu* (Windgott) hochgehalten wird. Es sind mächtige

130

Gottheiten, die über die Reiche der Devas und der Menschen regieren; aber selbst sie bringen Tara ihre Ehrerbietungen dar.

Bhutas sind eine Art von Geistern. Der Herrscher über diese Geister ist *Ganesch*. Der Herrscher über die *Vetalas* ist *Ischvara*. Der Herrscher über die *Gandharvas* ist *Panjtschatira*. Der Herrscher über die *Yakschas* ist *Vaischravana*. Auf diese großen Götter wird hier Bezug genommen. Es sind Götter, die sowohl von Menschen als auch von anderen Göttern verehrt werden, selbst aber ihr Haupt vor Tara beugen und ihr Gaben offerieren.

Diese Tara wird die «vollständig siegreiche Tara» genannt. Sie hat auch noch einen längeren Namen: «Tara, die über alle drei Welten vollständig siegreich ist». Diese Tara zeigt sich in drohender Erscheinung mit dunkelroter Körperfarbe, und sie hält eine Vase, die die «berauschende Vase» genannt wird.

Wenn hier von berauschender Vase gesprochen wird, sollte man sich nicht vorstellen, daß man durch ihren Inhalt betrunken wird oder seinen Verstand verliert; vielmehr verliert man alles Greifen nach wahrer Existenz.

Was wir üblicherweise als unseren «normalen» Zustand des Geistes betrachten, ist ein Zustand, in dem wir alles als wahr existent erfassen und nach den Objekten greifen, als hätten sie wahre Existenz. Das jedoch ist der wirkliche Wahn. Wenn dieser Wahnsinn zerstört wird oder auch nur etwas gestört wird, besteht eine gewisse Hoffnung, daß wir die tatsächliche Wirklichkeit zu sehen bekommen. Wenn das geschieht, wird man, vom Standpunkt gewöhnlicher samsarischer Wesen aus, als eine verrückte Person betrachtet. Das ist die Art von berauschender Vase, die Tara hier in der Hand hält.

7

Tschag tsäl Trat tsche dscha dang Phat kyi
Pha röl trül khor rab tu dschom ma
Yä kum yön kyang zhab kyi nän te
Me bar trug pa schin tu bar ma

Ehrerbietung ihr, *Trat* und *Phat* ruft sie,
die magischen Räder der Gegner restlos
    Zerstörende;
das rechte Bein angezogen, das linke gestreckt,
    mit dem Fuß stampft sie,
Feuer lodert auf, erregt, die herrlich Flammende.

Hier wird ihre Art und Weise, negative Kräfte zu überwinden, geehrt: *Ehrerbietung ihr, Trat und Phat ruft sie, die magischen Räder der Gegner restlos Zerstörende*; das bedeutet, daß die Kraft der drohenden Mantras der Tara in der Lage ist, alle magischen Fabrikationen, die andere hervorbringen, um Schaden anzurichten – es gibt viele solcher Dinge –, vollständig zu zerstören. Das heißt, daß alle Hindernisse, die einen Anwender des Dharma in gegenwärtiger und letztlicher Weise in seinen Bemühungen behindern, durch die Kraft der Mantras der Tara zerstört werden können.

Diese spezifische Form der Tara ist in ihrer Erscheinung drohender als alle anderen. Sie wird bezeichnet als die «Tara, die die Herausforderer bezwingt» oder «die die Kraft der anderen überwindet» oder «den Zauber anderer zerstört». Diese Erscheinung der Tara hat schwarze Körperfarbe, ist außerordentlich drohend, mit offenem Mund. Sie hält eine Vase, die die «Vase der Mantras» genannt wird.

Danach folgt eine Ehrung der Tara in bezug auf die Art, wie sie sitzt:

Das rechte Bein angezogen, das linke gestreckt, mit dem Fuß stampft sie, Feuer lodert auf, erregt, die herrlich Flammende.

Das gebeugte rechte Bein symbolisiert die Erkenntnis der Leerheit, und das gestreckte linke Bein das Erlangen des Großen Erbarmens. Das heißt, in dieser Weise, mit den beiden Beinen, die Erkenntnis der Leerheit und Großes Erbarmen symbolisieren, bezwingt sie die drei Welten vollständig und sitzt in der Mitte eines lodernden Feuers. Dieses lodernde Feuer ist ebenfalls ein Symbol der Weisheit.

8

Tschag tsäl Ture dschik pa tschän mo
Dü kyi pa wo nam par dschom ma
Tschu kye zhäl ni tro nyer dän dzä
Dra wo tham tschä ma lü sö ma

Ehrerbietung ihr, *Ture*, äußerst Erschreckende,
die die Helden der Maras vernichtend schlägt;
auf dem Lotusgesicht eine zornvolle Falte,
zerstört sie alle Feinde ohne Ausnahme.

Was sind die *Helden der Maras*? Das sind die Verblendungen wie Unwissenheit und so weiter. Es gibt
vier solcher Maras, die alle von den Buddhas vollständig bezwungen sind, ebenso von der Tara.

Auf dem Lotusgesicht eine zornvolle Falte, zerstört
sie alle Feinde ohne Ausnahme, bedeutet nicht, daß
Tara eine große Menge Leute umbringt. Vielmehr
zerstört sie die Feinde, die vor allem dem Erlangen der Freiheit entgegenstehen, und das sind die
Verblendungen. Im besonderen vernichtet sie den
Feind, der dem Erlangen der vollen Erleuchtung
entgegensteht, das Dschnjana-Avarana, das Hindernis zur Allwissenheit. Darunter versteht man
die Eindrücke der Verblendungen. Diese äußerst
schweren Hindernisse sind es, die Tara mit einer
drohenden Falte in ihrem Lotusgesicht vollständig
bezwingt.

Diese Tara wird genannt die «Tara, die die höchsten Siddhis gibt», oder auch die «Tara, die alle Maras und Feinde vollständig besiegt». Diese Erscheinung der Tara hat dunkelrote Körperfarbe und drohenden Ausdruck. Sie hält eine Vase, die als «feindzerstörende Vase» bezeichnet wird, aus der ein Regen von Waffen entspringt.

Wir sehen hier, daß es einige Erscheinungen der Tara gibt, die drohenden Ausdruck haben. Wir werden auch manchmal Darstellungen anderer drohender Gottheiten begegnen. Es ist sehr wichtig zu verstehen, daß das nicht verärgerte oder bösartige Erscheinungen sind; sondern vielmehr ist dieses drohende Aussehen ein Ausdruck außerordentlich starken, extremen Erbarmens und extremer Weisheit; das heißt, eines Maßes von Erbarmen und Weisheit, das noch wesentlich größer ist als das friedlich erscheinender Gottheiten. Deshalb heißt es im allgemeinen, daß es leichter ist, in den Meditationen drohende Erscheinungen zu verwirklichen als friedliche.

Zweifellos haben alle diese Erscheinungen außerordentliches Erbarmen. Aber das Erbarmen, das hinter diesen drohenden Erscheinungen steht, ist ein extremes Erbarmen, noch viel intensiver als das, das hinter den friedlich erscheinenden Gottheiten steht. Deshalb ist es leichter, diese drohend erscheinenden Gottheiten zu verwirklichen. Tara erscheint einerseits

oft in dieser äußerst attraktiven, friedlichen und
lieblichen Erscheinung, aber um die Unzähmbaren
zu zähmen, erscheint sie auch in äußerst drohender
und erschreckender Gestalt.

9

Tschag tsäl kön tschog sum tsön tschag gyä
Sor mö thug kar nam par gyän ma
Ma lü tschog kyi khor lö gyän pä
Rang gi ö kyi tsog nam trug ma

Ehrerbietung ihr, die Finger zeigen die Geste der
   Drei Juwelen
in der Höhe des Herzens, so ist sie geschmückt;
verziert mit dem Rad aller Richtungen,
eine Menge von eigenem Licht Ausstrahlende.

Ehrerbietung ihr, die Finger zeigen die Geste der
Drei Juwelen bezieht sich auf die Handzeichen der
Tara, auf die linke Hand der Tara, die hier auf der
Höhe des Herzens mit der Geste der Drei Juwe-
len geschmückt ist. Bei dieser sind Ringfinger und
Daumen aneinandergelegt, und die drei restlichen
Finger gestreckt. Die drei gestreckten Finger sym-
bolisieren die Drei Juwelen, die zwei aneinanderge-
legten Finger symbolisieren Methode und Weisheit,
der Daumen Methode und der Ringfinger Weisheit;

daß Ringfinger und Daumen aneinandergelegt sind, bedeutet Verbindung von Methode und Weisheit.

Die gleiche Bedeutung hat beim Darbringen der inneren Opfergaben in tantrischen Ritualen, daß Ringfinger und Daumen einander berühren, nachdem man den Ringfinger in die Flüssigkeit getaucht hat und etwas davon verspritzt. Die Geste hat nicht den Zweck, jemandem ins Gesicht zu spritzen. Wirklich notwendig ist, daß der Ringfinger und der Daumen als Zeichen der Vereinigung von Methode und Weisheit miteinander verbunden werden.

Zwischen diesen zwei Fingern, zwischen Daumen und Ringfinger, hält Tara den Stiel der Utpala-Blume. Die Utpala-Seerose ist, wie schon zuvor erwähnt, ein Symbol für Erbarmen. Wenn man es präzise visualisiert, hält Tara den Stiel der Utpala-Blume zwischen diesen zwei Fingern; der Stiel geht nach hinten zur Schulter der Tara und teilt sich dann in drei Zweige auf. Der mittlere Zweig trägt eine offene, vollständig erblühte Blume. Zur Seite der Tara, von der Mitte aus gesehen nach rechts, ist ein kleiner Zweig mit einer verblühten Blume. Die Blütenblätter sind verwelkt, und die Frucht ist sichtbar. Dieser Teil der Blume ist in einem Stadium, in dem sich die Frucht schon vollständig gebildet hat. Zur Linken ist eine Knospe, eine noch nicht erblühte Utpala-Blume. Diese drei symbolisieren die Buddhas der Vergangenheit, der Gegenwart und der Zukunft. Die

Blätter dieser Blüten symbolisieren die Buddhas der zehn Richtungen.

So zeigt die Tara in der linken Hand die Geste der Drei Juwelen und hält die Utpala-Blume wie beschrieben. Die rechte Hand ist in der Geste des Gebens der Siddhis.

Dann wird hier ein *Rad aller Richtungen* erwähnt, mit dem Tara geschmückt ist. Es ist ein natürlicher Schmuck der Handfläche der Tara, in der ein Dharmarad sichtbar ist. Dieses Dharmarad ist nicht ein Handzeichen zum Beispiel aus Gold, das die Gottheit in der Hand hält, sondern ein natürliches Zeichen ihres Körpers, eine natürliche Zeichnung in der Handfläche, eines dieser ganz außergewöhnlichen Omen. Diese Zeichnung ist in den Handflächen und in den Fußsohlen.

Bei der Weißen Tara ist es anders. Die Weiße Tara hat in den Handflächen und in den Fußsohlen Augen, während die Grüne Tara in den Handflächen und in den Fußsohlen keine Augen hat, sondern Zeichnungen des Dharmarades. Das zeigt, daß Tara durch das Geben der Unterweisungen und Zeigen des Wegs des Dharma alle Wesen zur Befreiung und vollen Erleuchtung führt.

Von diesen Zeichnungen des Dharmarades in den Handflächen geht starkes Licht aus, das alle andern Arten von Licht überwältigt; und dieses Licht erlöst die Wesen von Leid.

Diese Erscheinung der Tara ist eine besondere Erscheinung aus den einundzwanzig Taras, man visualisiert sie mit weißer Körperfarbe. Sie wird «Khadirvani-Tara» genannt; die «Tara, die im Akazienwald lebt». Sie hat auch einen zweiten Namen, nämlich die «Tara mit der Geste der Drei Juwelen». Sie hält in der rechten Hand eine mit Nektar gefüllte weiße Vase, die als die «Vase, die vor allen Gefahren schützt», bezeichnet wird.

10

Tschag tsäl rab tu ga wa dschi pä
U gyän ö kyi treng wa pel ma
Zhä pa rab zhä Tuttara yi
Dü dang dschig ten wang du dzä ma

Ehrerbietung ihr, sehr erfreulich und eindrucksvoll
die Krone, von der ein Lichtkranz ausgeht;
lachend, laut lachend mit *Tuttara*
unterwirft sie die Maras und die Weltlichen.

Es gibt hier manchmal geringe Unterschiede in den verwendeten Worten. Meistens wird *Dschi pä* rezitiert, das heißt eindrucksvoll; dann bedeutet es: *sehr erfreulich und eindrucksvoll die Krone, von der ein Lichtkranz ausgeht.*

Aber es kann auch *Tschö pä* heißen, dann bedeutet das Ausdruck der großen Freude.

Wenn dieses Wort als Ausdruck von Freude verwendet wird, bezieht sich das auf diese strahlende Lichtkette, die von der Krone der Tara ausgeht und die Schüler erfreut und dann dazu führt, daß Tara Worte großer Freude spricht.

Im nächsten Satz heißt es: *lachend, laut lachend mit Tuttara unterwirft sie die Maras und die Weltlichen.*

Weltliche bezieht sich hier auf die weltlichen Götter.

Diese Tara hat den Namen «Tara, die alle Traurigkeit bezwingt» oder auch «Tara, die alle Maras und Weltlichen überwindet». Sie hat rote Körperfarbe und hält eine «Vase gefüllt mit Nektar, der alle Maras überwindet».

11

Tschag tsäl sa zhi kyong wä tsog nam
Tham tschä gug par nü ma nyi ma
Tro nyer yo wä yi ge Hung gi
Phong pa tham tschä nam par dröl ma

Ehrerbietung ihr, fähig, die Beschützer des Bodens alle sämtlich aufzubieten;
die Stirn zornig gerunzelt und mit der Silbe *Hung* von aller Verzweiflung völlig Befreiende.

Tara wird geehrt in bezug darauf, daß selbst die großen Götter der Welt sie respektieren und in ihrem Auftrag ihre Aufgaben erfüllen.

Ehrerbietung ihr, fähig, die Beschützer des Bodens alle sämtlich aufzubieten, meint die zehn Beschützer der zehn Richtungen, die Beschützer der Welt, die alle Tara gehorchen und gemäß ihren Anweisungen handeln. Das heißt, Personen, die Vertrauen auf Tara haben, werden von diesen zehn Beschützern der Welt ebenfalls behütet. Was immer die Aufgaben sind, die ihnen von der Tara auferlegt werden, erfüllen sie.

Da ist Indra in der östlichen Richtung, Yama, der Gott des Todes, in südlicher Richtung, Waruna, der Wassergott, in westlicher Richtung und Vaischravana, der Gott der Yakschas, in nördlicher Richtung.

Danach folgen die Zwischenrichtungen: in südöstlicher Richtung der Feuergott, in südwestlicher Richtung der Herr der Rakschas, in nordwestlicher Richtung Vayu, der Windgott, und in nordöstlicher Richtung Ischvara oder Ganesch, der Gott der Bhutas. Bhutas sind eine Art von Geistern; wenn hier von Bhutas gesprochen wird, ist der Herrscher über die Bhutas gemeint, und das ist Ischvara.

Im Zenit befindet sich Brahma und im Nadir die Göttin der Erde, alles zusammen zehn Richtungen. Dies ist auch der Grund, weshalb bei Feuerpudschas die Gottheit des Feuers immer aus Südosten eingeladen wird.

Das sind also die zehn Gottheiten, die hier als die Beschützer der Richtungen oder Beschützer der Welt bezeichnet werden. Sie folgen den Anweisungen der Tara. Eine Person, die sich auf Tara verläßt, wird in ihren Bemühungen ebenfalls die Hilfe dieser zehn Götter der Richtungen erfahren können.

Die nächsten Zeilen, *die Stirn zornig gerunzelt und mit der Silbe Hung von aller Verzweiflung völlig Befreiende,* bedeuten, daß diese Form der Tara eine friedliche Erscheinung ist, eine Falte im Gesicht zeigt, einen leicht drohenden Ausdruck hat und eine Silbe *Hung* im Herzen trägt.

Diese Erscheinung der Tara wird auch genannt die «Tara, die aufbietet und Verzweiflung beseitigt». Es ist eine Tara mit oranger Körperfarbe, sie hält eine «Vase gefüllt mit Nektar, der alle Verzweiflung überwindet und vertreibt».

Wie schon erwähnt, ist mit jeder dieser Erscheinungen der Tara auch eine ganz bestimmte Anwendung verbunden. Es gibt spezifische Sadhanas und Rituale in Verbindung mit jeder einzelnen dieser Erscheinungen der Tara, mit denen besondere Aktivitäten und Wirkungen angestrebt und erreicht werden können.

12

Tschag tsäl da wä dum bü u gyän
Gyän pa tham tschä schin tu bar ma
Räl pä trö na ö pag me lä
Tag par schin tu ö rab dzä ma

Ehrerbietung ihr, die Mondsichel ihre Krone,
in allem Schmuck wunderbar Leuchtende;
im Knoten ihrer Haarlocken Amitabha,
von dem beständig helles Licht ausgeht.

Hier folgt wiederum eine Ehrung der Tara in bezug auf ihren Schmuck, ihre Kopfkrone.

Unter der Spitze des Mondes wird der zunehmende Mond am ersten Tag verstanden, der eine stark geformte Sichel zeigt. Es gibt einige Erscheinungen der Tara, die mit einer solchen Mondsichel gekrönt sind; es ist das nicht die Grüne Tara, sondern es sind alle halbzornvollen und zornvollen Erscheinungen. Diese Mondsichel strahlt ein außerordentlich starkes Licht aus, das alles Leid der Wesen beseitigt.

Es heißt hier im Text: Gekrönt mit der Mondsichel, während es wörtlich heißt: Gekrönt von einem Teil des Mondes. Die Bedeutung ist die gleiche, es bezieht sich auf eine zunehmende Mondsichel.

Im Knoten iher Haarlocken Amitabha, von dem beständig helles Licht ausgeht.

Taras Haar ist zu einem Knoten gebunden, und vor diesem Knoten sitzt Amitabha. Das symbolisiert die Hingabe zum Meister.

Als Gefährtin von Avalokiteschvara gehört Tara zur Lotusfamilie, und der Herr der Lotusfamilie ist Buddha Amitabha. Ihn trägt Tara auf ihrem Kopf als Zeichen ihrer Hingabe zum Meister und auch, um deutlich zu machen, daß die Hingabe zum Meister selbst beim Erreichen der vollen Erleuchtung außerordentliche Bedeutung hat.

So ist Avalokiteschvara zum Beispiel ebenfalls mit Amitabha gekrönt. Viele Gottheiten werden mit einer Gottheit auf ihrem Haupt dargestellt, entweder in ihrer wirklichen Gestalt oder in einer symbolischen Form, in der Form eines Juwels, eines Vadschras oder eines Stupa und so weiter. Das ist immer ein Symbol für die Hingabe zum geistigen Meister.

Von Buddha Amitabha auf dem Haupt der Tara geht ständig Licht aus und führt die Wesen zur Befreiung, zum Zustand vollständiger Freiheit. Das ist also eine Ehrung der Tara in bezug auf ihre Kopfkrone.

Diese Erscheinung der Tara wird auch genannt die «Tara, die alle guten Omen gibt». Sie hat goldene Körperfarbe, und auch die Vase, die sie hält, ist von goldener Farbe mit goldenem Nektar und wird genannt die «*Sarva mangalam*», das heißt die «Vase, die alle glückverheißenden Zeichen aussendet».

144

13

Tschag tsäl käl pä tha nä me tar
Bar wä treng wä ü na nä ma
Yä kyang yön kum kün nä kor ga
Dra yi pung ni nam par dschom ma

Ehrerbietung ihr, die verweilt inmitten
   eines Kranzes lodernder Flammen,
wie das Feuer am Ende des Zeitalters;
das rechte Bein gestreckt, das linke gebeugt,
   die Feinde derjenigen,
die das Dharmarad drehen wollen,
   in Scharen Bezwingende.

Dies ist wiederum eine Ehrung einer drohenden
Erscheinung der Tara; gepriesen wird ihre Körperstellung, ihre Art zu sitzen.

Tara wird hier in drohender Form beschrieben,
wie sie in einem Kreis von starkem, loderndem Feuer
sitzt, einem Feuer des Endes des Zeitalters. Das ist
siebenmal so stark wie die Kraft der Sonne, wodurch
es am Ende des Zeitalters auch die Erde auflösen und
verbrennen wird. In einem solchen Kreis von Feuer
sitzt Tara. Dieses Feuer ist ein Feuer der Weisheit.

Buddha erklärt in den Sutras, daß gegen Ende
dieses Zeitalters die Hitze der Sonne ständig zunehmen wird, bis sie etwa die siebenfache Stärke der gegenwärtigen Temperatur hat, und daß diese Hitze

dann dieses Weltensystem vollständig verbrennen und zerstören wird.

Diese drohende Erscheinung der Tara zerstört alle Feinde, die denjenigen schaden, die das Rad des Dharma drehen. Diese Feinde sind in erster Linie die Verblendungen und auch andere Einflüsse, die Personen die Dharma lehren behindern können.

Diese Erscheinung der Tara wird genannt, die «vollständig reifende Tara», das bedeutet die Tara, die andere zur Reifung bringt. Sie wird auch die «Tara, die wie Feuer lodert», die feuerlodernde Tara genannt und hat rote Körperfarbe. Sie hält eine «Vase, die beschützt und die Heerscharen der Feinde zerstört», gefüllt mit Nektar dieser Eigenschaft.

14

Tschag tsäl sa zhi ngö la tschag gi
Thil gyi nün tsching zhab kyi dung ma
Tro nyer tschän dzä yi ge Hung gi
Rim pa dün po nam ni gem ma

Ehrerbietung ihr, mit der Fläche der Hand
    schlägt sie,
und mit dem Fuß tritt sie auf die Erde;
mit der Zornfalte um die Augen mit der Silbe *Hung*
die sieben Welten Zerschmetternde.

In diesem Vers wird Tara geehrt in bezug darauf, wie die Silbe *Hung* ihre Aktivitäten erfüllt.

Das bedeutet, daß Tara, allein durch das Berühren oder Schlagen der Erde mit der Handfläche und dem Stampfen mit ihrem Fuß, mit diesen drohenden Gesten und mit dem brennenden Licht, das aus der Silbe *Hung* in ihrem Herzen kommt und mit drohenden Gesichtsfalten – je nach Schreibweise heißt es einfach nur *mit der Zornfalte* oder mit *Zornfalte um die Augen – mit der Silbe Hung die sieben Welten* zerschmettert.

Die sieben Welten wurden schon beschrieben: das sind die fünf Welten des Reiches der Begierde, nämlich die drei elenden Bereiche, der Bereich der Menschen und der der Devas, und zusätzlich noch der Bereich der Form und der ohne Form. Das ist nichts anderes als Samsara. Und dieses Samsara trocknet Tara durch das brennende Licht ihrer Silbe *Hung* im Herzen aus. Das heißt, sie zerstört Samsara, sie trocknet diesen Ozean des Leids des bedingten Daseins vollständig aus.

Diese Form der Tara wird genannt die «Tara mit der bewegenden drohenden Gesichtsfalte» oder auch *Brikuti-Tara*, die «Tara mit der Zornfalte».

Diese Tara hat schwarze Farbe und eine äußerst drohende Erscheinung, mit offenem Mund und mit vier Fängen, vier langen Zähnen. Sie trägt eine schwarze «Vase gefüllt mit Nektar, der alle hindernden Kräfte zerschlägt».

15

Tschag tsäl de ma ge ma zhi ma
Nya ngän dä zhi tschö yul nyi ma
Svaha Om dang yang dag dän pä
Dig pa tschän po dschom pa nyi ma

Ehrerbietung ihr, Glückliche, Heilsame, Friedvolle,
an Nirvana, Friede sich Erfreuende;
da wohl versehen mit *Svaha Om*
Zerstörerin der großen Negativität.

Hier wird die Natur der Tara beschrieben. Tara ist
erfüllt von reinem Glück; sie erfährt ständig reines
Wohlergehen und Seligkeit.

Sie ist heilsam, denn sie hat alle Verblendungen
gänzlich beseitigt.

Friedlich ist sie, weil sie durch die Freiheit von
allen Verblendungen frei von allen drei Arten des
Leides ist.

Sie erfreut sich des Friedens der großen Befreiung,
des Nirvana; das heißt, daß Tara den Zustand der
vollen Erleuchtung erreicht hat, in dem alle Vorstellungen gänzlich zu einem Ende gekommen sind.

*Da wohl versehen mit Svaha Om Zerstörerin der gro
ßen Negativität*, bedeutet, daß Tara mit ihrem zehnsilbigen Mantra, das mit *Om* beginnt und mit *Svaha*
endet, selbst großes Negatives vollständig überwindet, also nicht nur kleine negative Eindrücke, sondern

auch große. Das bezieht sich in erster Linie auf die Unwissenheit des Greifens nach Eigenexistenz. Dieses Greifen nach Eigenexistenz ist die Wurzel allen Leides, aller negativen Handlungen, aller weiteren Verblendungen. Deshalb wird es hier mit der Bezeichnung «große Negativität» oder *Maha Papa* aufgeführt.

Dieser Vers ehrt mit den ersten zwei Zeilen den Geist der Tara und mit den nächsten zwei Zeilen die Rede der Tara.

Das ist eine friedliche Erscheinung der Tara mit weißer Körperfarbe. Sie wird genannt die «große friedliche Tara» oder die «heilsame und gute Tara», und sie hält eine «Vase voll Nektar, der alles Negative gänzlich überwindet».

16

Tschag tsäl kün nä kor rab ga wä
Dra yi lü ni nam par gem ma
Yi ge tschu pä ngag ni kö pä
Rig pa Hung lä dröl ma nyi ma

Ehrerbietung ihr, die Körper der Feinde
    derjenigen,
die sich freuen am Drehen des Rades der Lehre,
    zerschlägt sie;
mit dem Mantra, angeordnet in zehn Silben, und
dem Wissen des *Hung* vollständige Befreiende.

In den nächsten Versen werden die Aktivitäten der Tara gepriesen. In diesem Vers sind es die Aktivitäten der friedlichen und drohenden Mantras, die geehrt werden.

Das bedeutet, daß sie mit dem friedlichen Mantra *Om Tare Tuttare Ture Svaha* und mit dem drohenden Mantra *Om Namastare Namo Hare Hung Hare Svaha* die Feinde derer, die Dharma lehren vernichtet.

Ehrerbietung ihr, die Körper der Feinde derjenigen, die sich freuen am Drehen des Rades der Lehre, zerschlägt sie.

Unter den Feinden wird hier das Greifen nach Eigenexistenz verstanden, und zwar das Greifen nach einem innewohnenden Ich und Mein, also Greifen nach einer innewohnenden Identität der eigenen Person und nach Mein, nach innewohnenden Objekten, die man als seinen Besitz betrachtet. Alle diese Arten von Greifen werden hier als die eigentlichen Feinde beschrieben. Und diese zerstört Tara durch die Kraft der zwei Mantras.

Alle äußeren Feinde sind nichts weiter als eine Projektion des Greifens nach Ich und Mein. Wenn das überwunden und beseitigt ist, sind damit auch alle äußeren Feinde gänzlich besiegt.

Das ist eine Tara mit roter Körperfarbe, friedlicher Erscheinung, leicht verlangendem Ausdruck, und sie wird genannt, die «Tara, die Begierde überwindet» oder «Tara, die mit dem Wissen der Silbe *Hung* befreit».

Sie hält eine rote Vase, gefüllt mit Nektar, mit dem Namen «Vase, die das Erweitern der Mantras bewirkt».

Somit sollte der Anwender so viele Mantras wie nur möglich rezitieren, sowohl das friedliche als auch das drohende Mantra der Tara. Diese Erscheinung der Tara segnet einen besonders durch die Rezitation der Mantras.

17

Tschag tsäl Ture zhap ni dab pä
Hung gi nam pä sa pön nyi ma
Ri rab man da ra dang big dsche
Dschig ten sum nam yo wa nyi ma

Ehrerbietung ihr, die mit dem Fuß des *Ture*
    aufstampft,
sie selbst der Same im Aspekt des *Hung*;
Meru, Mandara und Kailasch,
die drei Welten Erschütternde.

Auch dieser Vers ehrt eine drohende Tätigkeit. Es ist eine Ehrung an *Ture*, die aus der Samensilbe *Hung* geboren ist. *Ture* bedeutet vollständige Befreiung, demnach erschüttern die Füße der vollständigen

151

Befreiung durch ihr Stampfen die drei Welten und die drei Berge.

Hier werden drei Berge aufgeführt. Das bezieht sich nicht nur auf drei, sondern in Wirklichkeit auf zwanzig große Berge. Solche Berge zu erschüttern und zum Beben zu bringen ist nichts so Besonderes, die Erdbeben können das auch recht gut. Tatsächlich sind hier jedoch die zwanzig Arten des Betrachtens der vergänglichen Anhäufungen gemeint.

Das sind Auffassungen, die wir von unseren fünf Aggregaten haben, und zwar jeweils vier Arten der Anschauung zu jedem der Aggregate, was zusammen zwanzig macht.

In bezug auf das Aggregat der Form zum Beispiel:

– die Auffassung, daß man das Ich mit der Form identifiziert,
– die Auffassung, daß das Ich die Form besitzt,
– die Auffassung, daß das Ich Form hat,
– die Auffassung, daß das Ich in der Form verweilt.

Es sind vier unterschiedliche Fehlauffassungen bezüglich jeder der vergänglichen Anhäufungen.

In Wirklichkeit ist das Ich nichts weiter als eine Benennung, eine Bezeichnung auf der Grundlage dieser Aggregate. Aber das ist nicht die Art und Weise, wie es uns erscheint. Vielmehr identifizieren wir dieses Ich gänzlich mit den Aggregaten. Manchmal identifizieren wir es mit diesem Körper, manchmal mit der Anhäufung der Empfindungen, manchmal mit dem Geist. Diese Identifizierung der eigenen Person mit den Aggregaten ist die Wurzel allen Fehlverhaltens, allen Leids, das man erfährt. Alle diese falschen Anschauungen gilt es zu beseitigen.

Wenn diese falschen Ansichten herausgefordert und attackiert werden, dann beben die drei Welten. Denn sie existieren einzig aufgrund dieser Fehlauffassungen. Wenn diese beseitigt werden, zerfallen die drei Welten, weil sie ihren Boden verlieren.

Diese Form der Tara wird genannt die «Tara, die Wohlergehen bringt», oder die «Tara, die Glück bringt» oder, mit einem anderen Namen, die «Tara, die die drei Welten erschüttert». Es ist eine Tara von safrangelber Farbe, einem Gelb, das leicht ins Orange geht. Sie hält eine Vase in derselben Farbe, die heißt, die «Vase, die andere Mantras bezwingt».

18

Tschag tsäl lha yi tso yi nam pä
Ri dag tag tschän tschag na nam ma
Tara nyi dschö Phat kyi yi ge
Dug nam ma lü par ni sel ma

Ehrerbietung ihr, die in der Hand den Mond hält
mit dem Zeichen des Waldtiers, geformt wie
    der göttliche See;
zweimal spricht sie *Tara*, und mit der Silbe *Phat*
ausnahmslos alle Gifte Beseitigende.

Dieser Vers ist im besonderen eine Ehrung in bezug auf Taras Aktivitäten des Überwindens von Giften.

Wenn hier von Waldtier gesprochen wird, bezieht sich das auf ein Reh oder einen Hirsch oder einen Hasen, auf friedliche Waldtiere.

Ehrerbietung ihr, die in der Hand den Mond hält mit dem Zeichen des Waldtiers, geformt wie der göttliche See.

Der Ausdruck *Ri dag tag tschän* heißt «ausgestattet mit dem Zeichen des Waldtieres». Er symbolisiert einen Mond, den die Tara in der Hand hält. Der Schatten im Mond sieht aus wie ein Hase, der dort kauert, deshalb wird der Mond mit dieser Bezeichnung belegt. *Geformt wie der göttliche See*, bezieht sich auf die Form des Mondes.

Dieses Zeichen, das Tara in ihrer Hand hält, zeigt, daß sie fähig ist, alle Gifte zu beseitigen, zu überwinden.

Man unterscheidet zwischen zwei Arten von Giften, stabilen und bewegenden. Unter den stabilen Giften versteht man die Verblendungen, unter den bewegenden Giften das, was allgemein als Gift verstanden wird.

Die Verblendungen werden als Gift bezeichnet, weil sie für alles Leid, für alle Störungen verantwortlich sind. Im besonderen werden die drei Wurzelverblendungen als die «drei Gifte» bezeichnet. Auch in den Tantras der Medizin wird deutlich gemacht, daß selbst die körperlichen Krankheiten zurückzuführen sind auf diese drei Gifte, nämlich Unwissenheit, Begierde und Haß.

Das war eine Beschreibung der Natur der Tara.

Durch das zweimalige Aussprechen der Silben *Tara* in dem Mantra *Om Tare Tuttare Ture Svaha* und durch die Silbe *Phat* beseitigt sie alles Leid und alles Gift.

Das ist eine Erscheinung der Tara mit weißer Körperfarbe; sie wird genannt, die «ganz siegreiche Tara» oder auch die «Gift überwindende Tara». Sie hält eine «Vase, die gefüllt ist mit Nektar, der jegliches Gift beseitigt».

Es gibt spezielle Anwendungen und Rezitationen in Verbindung mit dieser Erscheinung der Tara, um Vergiftungen und derartiges zu bezwingen.

19

Tschag tsäl lha yi tsog nam gyäl po
Lha dang mi am tschi yi ten ma
Kün nä go tscha ga wä dschi kyi
Tsö dang mi lam ngän pa sel ma

Ehrerbietung ihr, auf die sich die Scharen
    der Götter
und ihre Könige, Devas und Kimnaras verlassen;
in voller Rüstung mit dem Glanz der Freude
Konflikte und schlechte Träume Vertreibende.

Dieser Vers ist eine Ehrung der Tara in bezug auf ihre Eigenschaft, Streit und schlechte Träume zu beseitigen.

Sie wird gepriesen als diejenige, *auf die sich die Scharen der Götter und ihre Könige, Devas und Kimnaras verlassen.* Kimnaras sind eine bestimmte Klasse von Wesen, die nicht Menschen, sondern eine Art Halbgötter sind, sie sind ausgezeichnete Musiker.

Selbst die Könige der Heerscharen der Götter, der Devas, verehren Tara. Das bezieht sich vor allem auf Indra, einen der wichtigsten Götter des Reiches der Begierde, und auf Brahma, einen der wichtigsten Götter des Reiches der Form, und auch auf andere Halbgötter, die sich Tara anvertrauen, die ihren Respekt der Tara entgegenbringen.

In voller Rüstung mit dem Glanz der Freude Konflikte und schlechte Träume Vertreibende, bedeutet, daß diejenigen, die voll Freude diese Meditationen mit den Visualisationen der friedlichen und der drohenden Tara ausführen, umgeben sind von diesem Kreis von Mantras, der wie eine Rüstung ist und daß durch diese Meditationen Tara allen Streit und alle schlechten Träume vollständig beseitigt.

Es gibt spezielle Mantras und Rituale in Verbindung mit dieser Erscheinung der Tara, die ganz besonders wirkungsvoll sind, um Streit und Alpträume zu überwinden.

Diese Tara wird bezeichnet als die «Tara, die alle Leiden verbrennt». Sie hat weiße Körperfarbe und hält eine weiße Vase in der Hand, die «Vase, die Streit und Alpträume beseitigt».

20

Tschag tsäl nyi ma da wa gyä pä
Tschän nyi po la ö rab säl ma
Hara nyi dschö Tuttara yi
Schin tu drag pö rim ni sel ma

Ehrerbietung ihr, wie Sonne und Mond
ihre Augen in hellem Licht erstrahlend;
zweimal spricht sie *Hara*, und mit *Tuttara*
sehr schwere Epidemien Vertreibende.

Dieser Vers ist eine spezielle Ehrung der Tara für das Beseitigen von Krankheiten, Epidemien und so weiter.

Es ist ein Lobpreis an diejenige, deren zwei Augen wie Sonne und vollständig erblühter Mond klares Licht ausstrahlen. Indem sie zweimal *Hara* spricht und *Tuttara*, beseitigt sie selbst heftigste Epidemien.

Das heißt, daß die Augen der Tara so hell und leuchtend sind wie die Sonne und der volle Mond. Das friedliche Auge gleicht dem Mond, und das drohende Auge gleicht der Helligkeit der Sonne. Von ihnen geht außerordentlich helles, klares Licht aus.

Einerseits durch das Licht aus ihren Augen, andererseits durch das Sprechen der zwei Mantras, das zweimalige Sprechen des *Hara* bezieht sich auf das drohende Mantra *Om Namastare Namo Hare Hung Hare Svaha* und das *Tuttara* auf das friedliche Mantra, beseitigt sie selbst heftigste Krankheiten und Epidemien.

Diese Erscheinung der Tara hat orange Körperfarbe und heißt «Tara, die Quelle der Siddhis», die Quelle der erhöhten Fähigkeiten, oder auch die «Tara, die Epidemien beseitigt». Sie hält eine Vase von gleicher Farbe, und diese Vase wird genannt, die «Vase, die Krankheiten beseitigt».

21

Tschag tsäl de nyi sum nam kö pä
Zhi wä thu dang yang dag dän ma
Dön dang ro lang nö dschin tsog nam
Dschom pa Ture rap tschog nyi ma

Ehrerbietung ihr, durch das Erlangen
    der drei Wirklichkeiten
vollkommen versehen mit der Kraft des Friedens;
Geister, Zombies und Dämonen scharenweise
vernichtet! *Ture!* Beste Höchste!

Dieser Vers ist eine Ehrung der Tara in bezug auf ihre Eigenschaft, bösartige Geister und Zombies usw. zu beschwichtigen.

Indem sie durch Erstellen der drei Wirklichkeiten die Kraft zum Beruhigen besitzt, überwindet sie Geister, Zombies und Dämonen *(Yakschas)* vollständig. Sie ist die höchste, gänzlich befreiende Tara, die diese Aktivitäten ausführt.

Wenn von bösen Geistern gesprochen wird – das tibetische Wort dafür ist *Dön* –, denken wir oft, daß es solche Wesen wohl nicht gibt. Tatsächlich jedoch traten solche Einflüsse, die sehr störend sein können häufig auf. Es gibt spezielle *Döns*, die in Kinder und solche, die in Erwachsene eindringen, in Männer oder in Frauen, solche, die Künstler oder Musiker oder Gelehrte belästigen. Es ist oft der Fall, daß solche Geister uns befallen und sie sind dann auch entsprechend störend. Auch gibt es welche, die in Mönche oder in Nonnen eintreten und entsprechende Schwierigkeiten auslösen.

Insgesamt gibt es vierundachtzigtausend Einflüsse dieser Art. Bei Kindern kommen achtzehn spezielle *Döns* vor, die bei ihnen sehr viele Störungen verursachen können.

Immer wieder passiert es uns, daß wir wie besessen sind von einer Idee, wie verrückt auf eine Art von Musik, oder daß ein bestimmter Ärger oder spezielles Verlangen in uns auftreten. Diese Erfahrungen, bei denen eine Person in unnatürlicher Weise wie besessen von Verlangen nach etwas ist, sind Einflüsse der *Döns*. Viele dieser Geister hängen besonders an bestimmten Gerüchen, und eine Versessensein auf einen Geruch kann ebenfalls von solchen Einflüssen ausgelöst sein.

Verlangen ist zweifellos in erster Linie aufgrund der eigenen Verblendungen vorhanden, wird aber auch von *Döns* beeinflußt. Sehr oft, wenn starke Neigungen in einem auftreten, werden sie von *Döns* verschuldet.

So kann es zum Beispiel vorkommen, wenn eine Person ernsthaft Studien des Dharma folgt und auch recht erfolgreich ist, daß mit der Zeit, wenn sie ein bißchen etwas weiß und verstanden hat, etwas Stolz auftritt. Dieser Stolz kann noch weiter verstärkt werden durch den Einfluß eines entsprechenden *Döns* und kann dazu führen, daß die Person ein übermäßiges Maß von Stolz zeigt und davon nicht loskommt und daß alles Erlernte, alles Wissen des Dharma, damit vollständig nutzlos wird.

Auch bei Anwendern von Meditation kann es geschehen, daß sie in ihren Meditationen auf einmal großen Stolz entwickeln oder daß Zweifel im Geist entstehen oder starkes Verlangen. Das sind Erfahrungen, die im Leben von Anwendern der Meditation durchaus auftreten können und oft auch durch den Einfluß solcher *Döns* zustande kommen.

Im besonderen in der Zeit der Degeneration ist der Großteil der Leute die meiste Zeit von solchen *Döns* besessen; es ist nur eine Frage der Stärke, des Ausmaßes. Besonders für einen Anwender von Dharma kann es sehr schwierig werden, wenn durch solche Einflüsse Gedanken auftreten, die alle bis dahin aufgebrachten Bemühungen wirkungslos machen.

So gibt es zum Beispiel die Geschichte eines großen Meisters, der in seinen Meditationen recht weit fortgeschritten war, und wenn er sich noch etwas weiter gezielt angestrengt hätte, wäre es ihm möglich gewesen, in diesem Leben die volle Erleuchtung zu erlangen. Dann kam eines Tages jemand vorbei und gab ihm ein sehr schönes Schreibwerkzeug, eine Feder zum Schreiben. Dieser Meister, als großer Gelehrter, probierte sie aus und schrieb einen kurzen Vers, der auch ganz ausgezeichnet gelang. Er fand Freude daran und schrieb noch etwas, das ebenfalls gut war. Er schrieb noch ein bißchen mehr und noch ein bißchen mehr, und dann schrieb er und schrieb er und schrieb er, und so hat er das, was er in kurzer Zeit hätte erreichen können, wenn er seine Meditationen richtig fortgesetzt hätte, nicht erlangt. Statt dessen schrieb er eine Unmenge Bücher.

Es gibt viele solcher *Döns*, die uns immer wieder bzw. ständig beeinflussen und sehr, sehr störend sind.

Deshalb sind Rezitationen von Tara-Gebeten außerordentlich wirkungsvoll, um den Einfluß von *Döns* fernzuhalten. Sich davon freizuhalten ist sehr wichtig.

Wenn man vollständig frei wäre von den inneren Ursachen für solche Störungen, von den Verblendungen, dann könnte die Umgebung, ganz gleich, wie viele derartiger Einflüsse auch vorhanden sein mögen, einem nichts anhaben. Aber da in einem selbst die Ursachen für Schaden und Schwierigkeiten, die Verblendungen, vorhanden sind, kann einen auch ein äußerer Einfluß recht leicht erreichen und entsprechend stören.

Hier werden auch *Vetalas* oder Zombies angesprochen. Diese treten in unserer Zeit weniger auf, weil der Körper von sterbenden Personen oft schon, bevor der innere Tod wirklich abgelaufen ist, verbrannt oder begraben wird und somit keinerlei Möglichkeiten für irgendwelche Wesen bestehen, in Leichen einzudringen und sie zu benützen.

Diese Vetalas dringen in den Körper einer sterbenden Person ein, in den Augenblicken, nachdem die vollständige Auflösung der sterbenden Person stattgefunden hat und bewirken damit ein Wiederbeleben des Körpers. Es ist aber ein anderes Wesen, das dann diesen Körper benützt. Anschließend töten sie andere Wesen. Es wird aber gesagt, daß Vetalas in degenerierten Zeiten selten auftreten; sie treten in Zeiten auf, die etwas besser sind.

162

In Tibet ist es üblich, die Leichen länger ruhig liegenzulassen, und es werden oft viele Rituale und Gebete ausgeführt. So können manchmal auch solche Dinge geschehen.

Es gibt auch Methoden, mit denen man absichtlich das Auftreten eines Vetala auslösen kann. Jemand, der zum Beispiel das sogenannte «Siddhi des Schwertes» erlangen will, muß zuerst ein Vetala hervorbringen. Da gibt es auch entsprechende Mittel, um Vetalas anzurufen.

Weiter werden hier noch die *Yakschas* erwähnt, die ebenfalls eine Art solcher Plagegeister sind. Aber alle diese Störenfriede können mit der Anwendung der Tara, durch die Kräfte der Tara sehr wirkungsvoll bezwungen werden.

Diese besondere Erscheinung der Tara hat weiße Körperfarbe und heißt die «vollständig erfüllende Tara» oder die «Tara, die die Aktivitäten vollständig zur Erfüllung bringt». Diese Tara hält eine weiße Vase voll Nektar, die genannt wird, die «Vase, die die vielfältigen Siddhis gibt».

Diese Erscheinung der Tara wird geehrt für das Erlangen der drei Wirklichkeiten, das bezieht sich auf die Wirklichkeit des Körpers, der Rede und des Geistes der Buddhas. Diese sind jeweils symbolisiert durch die Silben *Om Ah Hung* im Scheitelzentrum, im Halszentrum und im Herzen der Tara. Durch die drei Wirklichkeiten und indem sie die vollständige

Kraft hat zu beruhigen, bezwingt Tara alle negativen
Einflüsse.

Tsa wä ngag kyi tö pa di dang
Tschag tsäl wä ni nyi schu tsa tschig

Dies ist der Lobpreis mit den Wurzelmantras
und Ehrerbietungen in einundzwanzig Versen.

Mit diesen Worten endet der Text.

Gewinn aus der Anwendung

Damit ist die eigentliche Ehrung der einundzwanzig Taras abgeschlossen; aber oft werden noch weitere Verse rezitiert, die ebenfalls aus dem Wurzeltantra selbst stammen, die den Gewinn dieser Anwendung beschreiben:

All jenen, die vor der Göttin tiefen Respekt haben
und mit großem Vertrauen rezitieren,
sich ihrer bei Nacht und in der Morgendämmerung,
beim Aufstehen, erinnern, denen
verleiht sie alle Arten der Furchtlosigkeit.

Wenn eine weise Person mit starkem und festem Vertrauen auf Tara sich im Morgengrauen, beim Aufstehen, mit Vertrauen an die Tara erinnert, an den Körper der Tara und an die Worte, das heißt, das Mantra der Tara, und dieses Mantra und diese Ehrungen rezitiert und am Abend oder in der Nacht das drohende Mantra rezitiert, dann wird eine solche Person den entsprechenden Schutz von der Tara erhalten. Sie wird mit allen Arten der Furchtlosigkeiten ausgestattet sein und vor Hindernissen wie frühzeitigem Tod und so weiter bewahrt bleiben.

Indem man sich in dieser Weise der Tara erinnert, am Morgen der friedlichen Erscheinung, am Abend der drohenden Erscheinung – oder man wechselt die Erscheinungen nicht, man kann sich immer die gleiche, friedliche Erscheinung der Tara vorstellen – und das entsprechende Mantra, am Morgen das friedliche, am Abend das drohende Mantra, und diese Ehrungen der Tara rezitiert, dann wird man alle Arten des gegenwärtigen Gewinns daraus ziehen, alle Furchtlosigkeiten dadurch erlangen. Die Wirkung wird sein, daß man alle negativen Eindrücke bezwingen kann und von elenden Daseinsbereichen frei sein wird.

Durch das gänzliche Beruhigen jeglichen
negativen Karmas werden alle Existenzen
in elenden Bereichen zerstört.
Siebzig Millionen Sieger werden einem bald
Ermächtigung geben, doch man wird sogar noch
Größeres als das erlangen und den letztlichen
Zustand der Buddhaschaft erreichen.

So wird man selbst in diesem Leben Einweihungen und Segen von dieser großen Menge von Buddhas erhalten. Man wird in dieser Existenz nicht nur die gewöhnlichen Siddhis erlangen wie die Fähigkeit, weltliche Götter zu bezwingen, sondern bald auch das höchste Siddhi der vollen Erleuchtung.

Indem man sich an sie erinnert, werden starke
große Gifte, stabile oder bewegende, selbst wenn
man sie ißt oder trinkt, zur Gänze entfernt.

Große Gifte, das heißt, starke falsche Auffassungen. Vor diesen wird man bewahrt bleiben,
ebenso wie vor den verschiedenen Arten der Verblendungen wie Unwissenheit, Begierde, Haß usw.
Auch bewegte Gifte, das sind solche, die man durch
Tiere, Bisse, Stiche, durch Essen oder Trinken auf-
nimmt, wird man allein durch Meditationen über
Tara überwinden.

Durch Dämonen, Epidemien und Gift verursachte
drückende Leiden werden vollständig beseitigt;
und auch den anderen Wesen dient es.

Wenn man diesen Anwendungen der Tara folgt,
wird das zweifellos die eigene Person vor negativen
Einflüssen und Giften zu schützen, aber nicht nur
einen selbst, sondern auch andere Wesen. Wenn
man am Morgen diese Rezitationen mit konzentrier-
tem Geist macht, sich an die Tara erinnert, und am
Abend diese Meditationen mit den entsprechenden
Gebeten ausführt, wird das auch für andere Wesen
entsprechend wirkungsvoll sein.

Wenn man zwei, drei, siebenmal rezitiert, wird,
wer sich ein Kind wünscht, ein Kind bekommen,
wer sich Reichtum wünscht, Reichtum erhalten.

Im klassischen Tibetisch bezieht sich *Bu* auf Kinder, und es wird speziell unterschieden zwischen *Bu po* und *Bu mo*, einem Jungen und einem Mädchen. In der tibetischen Umgangssprache dagegen bezieht sich heutzutage *Bu* allein auf Sohn und *Bu mo* auf eine Tochter.

Hier heißt es eigentlich «zwei», «drei» oder «sieben». Das wird in verschiedener Weise interpretiert. Manche sagen, es bedeute, diese Ehrungen zweimal, dreimal und dann siebenmal zu rezitieren, so, wie das in der Tara-Pudscha gemacht wird. Andere große Meister kommentieren das in anderer Weise.

Der große Sakya-Meister, *Dragba Gyältsen,* versteht diese Aussage so, daß ein zweimaliges Rezitieren dieser Verse den Wunsch nach einem Kind erfüllt, dreimaliges Rezitieren den Wunsch nach Wohlstand erfüllt und siebenmaliges Rezitieren, wie es im Text heißt, alle Wünsche zur Erfüllung bringen kann.

Ein anderer großer Meister, *Pang Lotsava,* erklärt, daß sich zwei auf den Anwender bezieht, drei auf den Zeitpunkt des Tages und sieben auf die Zahl der Rezitationen. Zwei bezieht er auf die Anwender, das heißt, es gibt zwei Arten von Anwendern: solche mit geringerer Intelligenz, die ihrem Vertrauen folgen, und solche mit schärferer Intelligenz, die der Weisheit folgen. Beide werden jedoch aufgrund ihrer Voraussetzungen diese Rezitationen entsprechend ausführen, und zwar dreimal täglich.

Drei bezieht sich auf den Zeitpunkt des Tages, das heißt auf Morgen, Abend und so weiter, es bezieht sich also auf den ganzen Tag. Man wird also mindestens dreimal am Tag diese Gebete machen, und zwar bei jedem Mal siebenmal – darauf bezieht sich die Zahl sieben –, somit jeden Tag insgesamt mindestens einundzwanzigmal. Wenn man einer solchen Anwendung regelmäßig folgt, wird man frei von Furcht und alle positiven Wünsche werden erfüllt.

Der Meister *Butön*, der allwissende Butön, interpretiert das in einer etwas anderen Weise. Er sagt: «Diese Zwei bezieht sich auf Tag und Nacht. Die Drei bezieht sich darauf, wie Tag und Nacht unterteilt werden. Der Tag ist jeweils in drei Teile zu unterteilen, und die Nacht ebenfalls. In jedem dieser Abschnitte von Tag und Nacht müssen jeweils sieben Rezitationen gemacht werden, das macht sechsmal sieben Rezitationen, also zweiundvierzig Rezitationen der Ehrungen innerhalb von Tag und Nacht.»

Wenn man in dieser Weise der Anwendung folgt, so das Fazit, wird alles, wie beschrieben erfüllt, nämlich, daß man die verschiedenen Arten der Furchtlosigkeiten gewinnt und alle Hindernisse einzeln überwunden werden. Das ist die Wirkung einer solchen Anwendung.

Alle Wünsche werden erfüllt und alle Hindernisse verschwinden und werden einzeln zerstört.

Diese Verse folgen im Tantra selbst den Ehrungen und fassen die Wirkungen der Rezitationen und Meditationen zusammen.

Damit ist der Lobpreis der Tara, verfaßt vom perfekten vollkommenen Buddha Vairodschana, vollständig.

Das ist eine Ehrung der Tara, verfaßt von Buddha Vairodschana, die Buddha Schakyamuni Mandschuschri weitergegeben hat.

Fragen

Es heißt doch, daß es die Absicht der Tara war, die Gleichberechtigung zwischen Mann und Frau deutlich zu machen. Weshalb wurde dann gesagt, das sei nicht der Anfang der Frauenbewegung gewesen?

Tara hat diese spezielle Entschlossenheit entwickelt, um den Schülern, den Personen, die ihr diesen Vorschlag gemacht hatten, deutlich zu machen, daß das Greifen nach Dualität falsch ist, ein Greifen, das nicht gerechtfertigt ist, das keine Grundlage hat.

Alle diese Unterscheidungen, wie zum Beispiel die zwischen Mann und Frau, als etwas Wichtiges, Grundlegendes oder Innewohnendes zu begreifen, ist falsch. Um diesen Fehlauffassungen zu entgegnen, hat Tara in dieser Weise reagiert.

Der Unterschied zwischen einem Mann und einer Frau ist in Wirklichkeit sehr gering. Nicht nur dieser, auf einer tieferen Ebene ist auch der Unterschied zwischen einem Tier und einem Menschen nur sehr klein.

Die Differenz zwischen Mann und Frau sehen wir auch oft als etwas Bleibendes oder Dauerndes. In Wirklichkeit ist es etwas sehr Gegenwärtiges, Augenblickliches. Denn ein Mann kann leicht als Frau, eine Frau als Mann Geburt nehmen. Es sind das Unterschiede, die nur im Moment bestehen und nichts Beständiges haben.

Einerseits hat Tara ihren speziellen Entschluß gefaßt, um deutlich zu machen, daß diese dualistischen Auffassungen bedeutungslos sind und nicht der Wirklichkeit entsprechen und um diesen entgegenzuwirken. Gleichzeitig tat sie es aber auch, um ein Beispiel zu geben und alle Personen zu ermutigen, die im Moment in der Form einer Frau existieren, um ihnen zu zeigen, daß es für sie genauso möglich ist, den Geist zu entwickeln, Bodhitschitta zu entwickeln und die volle Erleuchtung zu erlangen. Sie wollte ein deutliches, leuchtendes Beispiel geben, daß all das durchaus möglich ist, wenn die richtigen Anstrengungen aufgebracht werden.

Und somit ist dieses Verhalten, diese Art der Erscheinung der Tara eine wirkungsvolle Unterweisung und keine «Bewegung».

Heute morgen haben Sie gesagt, daß es im Tantra Methoden gibt, um alle widrigen Umstände zu beseitigen. Aber das Gesetz von Ursache und Wirkung läßt sich ja nicht aufheben. Wie funktioniert das?

Das ist zweifellos richtig. Es können keine Resultate erfahren werden, ohne daß die entsprechenden

Ursachen erzeugt worden sind. Die Anwendungen der Tantras haben die Eigenschaft sehr wirkungsvolle Methoden zu sein, um diese spezifischen Ursachen zu erzeugen und dann das entsprechende Resultat in schneller und effektiver Weise hervorzubringen.

Eine weitere besondere Qualität der Tantras ist, daß es darin sehr wirkungsvolle Methoden gibt, durch die man allein, direkt in der Meditation, wenn sie mit richtiger Motivation, in der richtigen Art und Weise ausgeführt wird, in wirkungsvoller Weise heilsames Potential in großem Maß anhäufen kann und negative Ursachen sehr schnell bereinigen kann, ohne dazu speziellen anderen, schwierigen Anwendungen folgen zu müssen. Das ist möglich, wenn diese tantrischen Übungen mit der korrekten Einstellung und dem richtigen Vertrauen ausgeführt werden.

Ich wollte noch zu Vers sechs und acht etwas fragen, und zwar: Sie haben den Gott Agni, den Gott des Feuers erklärt. Ich würde gern auch die Symbolik von Brahma, Ischvara, Indra kennen und auch die Bedeutung der Silben Trat und Phat in Vers sieben wissen.

Es gibt viele solcher großer Gottheiten. Brahma ist ein Gott, der über die erste Ebene des Reiches der Form regiert. Indra herrscht über das Reich der Dreiunddreißig Götter, ebenfalls ein bedeutendes Devareich.

Ischvara unterstehen die vielen weiteren, geringeren Götter, Asuras und so weiter. Sie alle sind weltliche Wesen, die ein sehr langes Leben haben, über große Macht verfügen, durch die Kraft eines entsprechenden starken Karmas Geburt genommen haben und dem Prozeß der Vergänglichkeit unterliegen.

Brahma, Indra und so weiter sind eigentlich Namen einer Position, die ein Wesen erlangen kann. Es ist vielleicht vergleichbar mit der des Präsidenten der Vereinigten Staaten, wobei dort die Amtsperiode relativ kurz ist und immer Gefahr läuft, noch kürzer zu werden. Im Gegensatz dazu ist die Stellung als Indra oder Brahma, wenn man sie einmal erlangt hat, eine sichere Stellung für eine lange Zeit. Es sind das Positionen in diesen Bereichen, die jedes Wesen erlangen kann, und wohl jeder von uns selbst hat sicher in der Vergangenheit zu einem bestimmten Zeitpunkt ebenfalls eine solche Position und ein solches Dasein erlebt. Manchmal gibt es auch Bodhisattvas, die in der Form von Brahma oder Indra etc. Geburt nehmen.

Trat und *Phat* sind zwei Sanskritsilben; sie bedeuten vollständig zersplittern und zerstören.

Anwendungen

Niederwerfungen

Den Lobpreis der einundzwanzig Taras kann man mit Niederwerfungen verbinden, die jedem der Aspekte Taras dargebracht werden.

Mantras

Das friedliche Mantra der Tara ist:

ཨོཾ་ཏུ་རེ་ཏུཏྟ་རེ་ཏུ་རེ་སྭཱ་ཧཱ།

Om Tare Tuttare Ture Svaha

Das drohende Mantra der Tara ist:

ཨོཾ་ན་མསྟ་རེ་ན་མོ་ཧ་རེ་ཧཱུྃ་ཧ་རེ་སྭཱ་ཧཱ།

Om Namastare Namo Hare Hung Hare Svaha

Visualisation

Unter den einundzwanzig Taras gibt es friedliche
und drohende Erscheinungen. Alle sitzen auf einer
Lotusblume. Die friedlichen sitzen auf einer Lotusblume mit darüberliegender Mondscheibe, und die
drohenden auf einer Lotusblume mit darüberliegender Sonnenscheibe. Das heißt, die sechste, siebte,
achte, dreizehnte und vierzehnte Erscheinung sitzen
auf einer Sonnenscheibe und alle andern auf einer
Mondscheibe.

In der vollständigen Visualisation befindet sich im
Zentrum die Hauptgestalt der Tara, die *Khadirvani-Tara*, und rechts und links *Marizi* und *Brikuti*,
die zwei Begleiterinnen der Tara. Dann folgen die
weiteren einundzwanzig Taras der Reihe nach, angefangen von vorne *(siehe Darstellung auf Seite 9)*.

Die Gottheit Marizi hat gelbe Farbe und trägt in
der einen Hand einen Zweig des *Aschoka*-Baumes,
in der andern Hand den Stiel einer Blume. Sie verweilt zur Rechten der Tara, und zur Linken der Tara
befindet sich Brikuti mit blauer Körperfarbe, mit
halbdrohendem Ausdruck; sie hält in der rechten
Hand ein gebogenes Messer mit einer Hakenspitze
und in der linken Hand eine Schädelschale gefüllt
mit Nektar.

Diese Erscheinungen tragen verschiedenen Schmuck,
und alle sind von der Natur der Tara.

Die einundzwanzig Taras stellt man sich von vorne angefangen der Reihe nach rund um Tara vor. Wenn es einem Mühe macht, sie rund um Tara sitzend zu visualisieren, so daß man den Eindruck hat, man sehe die hinteren nicht, kann man sich auch vorstellen, daß sie in einem Kreis versammelt sind, der über Tara geht, das aber lediglich, um es sich bei der Visualisation leichter zu machen. In Wirklichkeit sitzen sie auf einer horizontalen Ebene, auf der gleichen Höhe um Tara versammelt.

Diese Erklärungen wurden gemäß der Tradition des Meisters Atischa gegeben.

Wenn man diese Visualisation etwas zu schwierig findet, kann man sich natürlich auch vorstellen, daß alle einundzwanzig Taras in der gleichen Gestalt und Erscheinung als Grüne Tara anwesend sind. Auch das ist eine vollständige Visualisation, in der nichts fehlt.

Das Wichtigste jedoch ist nicht die Visualisation, sondern die Hingabe und das Vertrauen auf Tara und eine punktförmige Zuflucht zu ihr.

Edition Rabten

Publikationen

Gesche Rabten

Gesang der tiefgründigen Anschauung

ISBN 978-3-905497-53-3

Untersuchte ich diesen alten Mönch,
  der vorher so existent erschien,
glich er den Spuren eines Vogels am Himmel;
die Erscheinung des Vogels zieht lediglich durch den Geist,
doch sucht man seine Spuren – nur unaussprechliche Leerheit!

Mahamudra

Weg zur Erkenntnis der Wirklichkeit

ISBN 978-3-905497-42-7

Stufen des Bewusstseins

ISBN 978-3-905497-23-6

Wissen wir, wie unser Geist funktioniert?
Kennen wir seine Eigenschaften im Schlaf und im Traum?

Über den Tod hinaus

ISBN 978-3-905497-41-0

Was geschieht, wenn wir sterben? Was kommt danach?
Kann man Sterbenden helfen?

Inneren Frieden bewahren

ISBN 3-905497-13-1

Es ist unmöglich, alle Feinde zu besiegen
und mit allen Wesen Freundschaft zu schließen.
Wenn wir aber den Ärger im eigenen Geist beseitigt haben,
ist das, als hätten wir alle Feinde überwunden.

Gonsar Rinpotsche

Buddhas erste Unterweisung
Die Vier edlen Wahrheiten

ISBN 978-3-905497-52-6

Egoismus besiegen

ISBN 978-3-905497-34-2

Schiebe alle Schuld auf eines,
und meditiere über die Güte aller Wesen.

Essentielle Punkte der Meditation

ISBN 978-3-905497-48-9

Meditation – mentale Gymnastik? Entspannung?
Kraftquelle? Ein Mittel, um den Geist zu verändern?

Bedeutung des Mandala

ISBN 978-3-905497-72-4

Buddhismus anzuwenden heißt, ihn zu verstehen. Um ihn zu
verstehen, benötigt man heilsame Kraft. Und nichts erzeugt diese
Kraft in uns so sehr wie das Darbringen des Mandala.

Gesche Rabten

Mönch aus Tibet

Gebunden, 328 Seiten (32 Farbseiten)
ISBN 978-3-905497-29-8

«Abgesehen von der spürbaren Anregung, die von Gesche Rabtens Leben ausgeht, zeigt seine Biographie, daß Studium und Anwendung von Dharma ein langsamer Vorgang ist, der viel Geduld und Zielstrebigkeit erfordert. Es dürfte wohl das erste im Westen veröffentlichte Buch über das Leben eines Gesche sein, und das sollte es sowohl interessant als auch aufschlußreich machen.»

Seine Heiligkeit, der 14. Dalai Lama

Die eindrucksvolle Lebensgeschichte Gesche Rabtens, eines außergewöhnlichen buddhistischen Meisters unserer Zeit.

Auch in englischer Sprache erhältlich.

Gesche Rabten

Schatz des Dharma

Gebunden, 316 Seiten (4 Farbseiten)
ISBN 978-3-905497-11-3

Das sorgfältig zusammengestellte und überarbeitete Buch vermittelt einen sehr guten Einblick in die Grundlagen des tibetischen Buddhismus und seines Stufenweges zur Erleuchtung (Lamrim). Es ist informativ, liest sich flüssig und liefert eine stabile Basis für Studium und Anwendung.

Lotusblätter

Dieses Buch ist die Niederschrift des ersten Meditationskurses, den Gesche Rabten im Westen gab (1974).

Auch in französischer und englischer Sprache erhältlich.

Gonsar Rinpotsche

Tantra
Einführung und Grundlagen

Taschenbuch, 192 Seiten
ISBN 978-3-905497-51-9

Tantra – was es ist, was es nicht ist!

Ein alle Aspekte buddhistisch tantri-
scher Praxis erhellendes Grundlagen-
werk und Handbuch für Studium
und Anwendung in einem.

Weitere Titel aus dieser Reihe:

Buddhismus – *Eine Einführung*
67 Seiten, ISBN 978-3-905497-25-0
Zufluchtnahme – *Bedeutung und Hintergründe*
56 Seiten, ISBN 978-3-905497-09-0
Erscheinung und Leerheit – *Eine Einführung*
100 Seiten, ISBN 978-3-905497-26-7

Gesche Rabten

Ratschläge des Meisters
Band 1

Taschenbuch, 350 Seiten
ISBN 978-3-905497-70-0

*Auch die umfassenden Gedanken des Buddhismus werden
klar, wenn Gesche Rabten sie erklärt. Sein Unterricht macht
jedes Wort des Buddha zu einer Erfahrung, die in der Tiefe
des Wesens Klarheit, Ruhe und Weitblick entstehen lässt.*
Aus dem Vorwort

Ratschläge des Meisters
Band 2

Taschenbuch, 214 Seiten
ISBN 978-3-905497-71-7

Wenn heilsame Geistesfaktoren auftreten, sollte man
sich ihrer Vorteile bewusst werden und sich bemühen, sie zu verstärken.

Studienzentrum und Verlag

Das *Tibetische Hochschul-Institut Rabten Choeling* wurde 1977 vom Ehrwürdigen Gesche Rabten Rinpotsche auf dem Mont-Pèlerin in der Schweiz gegründet. Es bietet Ordinierten und Laien die Möglichkeit, alle Aspekte des tibetischen Buddhismus in authentischer Weise zu studieren. Das volle Studium ist auf sieben Jahre angelegt. Zusätzlich werden regelmäßig auch öffentliche Wochenendseminare und Meditationswochen veranstaltet, die sowohl allgemeine Aspekte des Buddhismus als auch spezielle Anwendungen und Meditationen behandeln.

Zahlreiche Studiengruppen in mehreren Schweizer Städten werden vom Abt Rabten Choelings, dem Ehrwürdigen Gonsar Rinpotsche, und einer Reihe anderer Lehrer des Instituts betreut. Fortlaufend werden dort Texte und Kommentare früher indischer und tibetischer Meister studiert. Ähnliche Veranstaltungen finden in den angegliederten Zentren Tashi Rabten und Deleg Rabten (Österreich) wie auch in Püntsok Rabten (Deutschland) statt.

Die *Edition Rabten* ist der hauseigene Verlag Rabten Choelings. Wir sind bemüht, den Inhalt der Unterweisungen Buddhas und die kostbaren Ratschläge unserer Meister in der Form zeitgemäßer Bücher in verschiedenen Sprachen und mittels anderer Medien zu veröffentlichen. Sie sollen anregen, die friedliebende und gütige Natur des eigenen Geistes so zu entwickeln, wie Buddha es aufgezeigt hat.

Darüber hinaus bieten wir eine Reihe interner Studientexte an. Darunter befinden sich einführende und weiterführende Literatur ebenso wie seltene tibetische Originaltexte. Unsere speziell entwickelten interaktiven Computerprogramme ermöglichen eine effiziente Textverarbeitung in tibetischer Sprache.

Fordern Sie bitte unseren Katalog an, oder besuchen Sie uns im Internet!

Edition Rabten
Les Tassonneyres
CH-1801 Le Mont-Pèlerin
e-mail: info@editionrabten.com
www.editionrabten.com

Kontaktadressen

Rabten Choeling
Centre des Hautes Etudes Tibétaines
CH-1801 Le Mont-Pèlerin
Tel.: 0041/21 921 36 00
e-mail: info@rabten.com

Tashi Rabten
Letzehof
A-6800 Feldkirch
Tel.: 0043/5522 70611
e-mail: info@rabten.eu

Deleg Rabten
Neder 16
A-6094 Grinzens
Tel.: 0043/5238 54324
e-mail: tirol@rabten.eu

Püntsok Rabten
Verein zur Förderung der Kultur und Weisheit Tibets
Frundsbergstr. 31
D-80634 München
Tel.: 0049/89 160020
e-mail: info@muc.cc

www.rabten.com